Short French Stories For Intermediate Learners

Raphaël Pesquet

Copyright © 2022 Raphaël Pesquet

The content contained within this book may not be reproduced, duplicated or transmitted without direct written permission from the author or the publisher. Under no circumstances will any blame or legal responsibility be held against the publisher, or author, for any damages, reparation, or monetary loss due to the information contained within this book, either directly or indirectly.

Legal Notice : This book is copyright protected. It is only for personal use. You cannot amend, distribute, sell, use, quote or paraphrase any part, or the content within this book, without the consent of the author or publisher.

Disclaimer Notice : Please note the information contained within this document is for educational and entertainment purposes only. All effort has been executed to present accurate, up to date, reliable, complete information. No warranties of any kind are declared or implied. Readers acknowledge that the author is not engaged in the rendering of legal, financial, medical or professional advice. The content within this book has been derived from various sources. Please consult a licensed professional before attempting any techniques outlined in this book

By reading this document, the reader agrees that under no circumstances is the author responsible for any losses, direct or indirect, that are incurred as a result of the use of the information contained within this document, including, but not limited to, errors, omissions, or inaccuracies.

Picture on cover : https://fr.freepik.com/vecteurs-libre/composition-ronde-paris_9462291.htm

Table of Contents

Table of Contents 3
Introduction 6
How to get the most out of this book ? 7
   Story 1 : My amazing birthday 9
   Story 2 : A Christmas like no other 15
   Story 3 : Changing priorities 21
   Story 4 : A newcomer to the family 26
   Story 5 : The Great Treasure Hunt 32
   Story 6 : Broken down car and nice surprise 38
   Story 7 : Heroes in the hospital 44
   Story 8 : Looking for Maya 50
   Story 9 : A restaurant that rolls 55
   Story 10 : When love comes from the sky 61
   Story 11 : An unexpected event 66
   Story 12 : The Haunted Mansion 72
   Story 13 : A new life 79
   Story 14 : A successful Youtuber 82
   Story 15 : Rise to the top 86
   Story 16 : A Determined Writer 89
   Story 17 : The Indian entrepreneur 92
   Story 18 : Inspector John Doe 95
   Story 19 : A fantastic escape 99
   Story 20 : A costly oversight 103
   Story 21 : Beware... zombies ! 107
   Story 22 : A multidimensional journey 111

Story 23 : A slightly too realistic simulation 115
Story 24 : An artificial body 118
Story 25 : Welcome to the Matrix 122
Story 26 : A strange bond 126
Story 27 : A strange encounter 131
Story 28 : Mind control 134
Story 29 : A mysterious disappearance 137
Just one little thing 143

About the author

Hello, my name is Raphaël Pesquet ! I was born, raised and live in France (*in a small town near Paris*). I started learning English as a second language when I was five years old, my mother encouraged me... and I absolutely loved it !

Today, I am bilingual in French and English and my passion is to teach French to people like you who want to discover the French language and culture.

Currently, I teach French online and have already helped over 250 people become fluent in French... and I don't plan to stop there ! My goal is to help more than 100'000 people discover France (*its language and culture*). In this book, I will share with you all my tips and methods to help you speak French in everyday life.

We will see real everyday conversations between French people and little stories that are easy to understand. So you can be inspired by the questions and answers when you come to France or to a French speaking country to travel. So I hope you're motivated, because you're about to dive into French culture ! Let's get started right away.

Introduction

First of all, congratulations! Today, you have taken action and you have made a big step towards learning French. Indeed, many people say they would like to learn a new language or discover the French language... but few of them actually take action.

So for that, I really want to congratulate you. As you will see, I put a lot of effort into writing this book so that you can read cool stories and learn new French vocabulary words.

Plus, you just made a great choice, because reading stories is a great way to progress in a language (*if not the best*).

By reading, you learn culture, spelling and grammar. In addition, you discover the true meaning of words in context. You will even discover subtle differences in the French language.

Also, since some of the stories I will tell you contain dialogue, you will discover how the French really express themselves in everyday life. Also, reading helps you internalize French sentence structures and expressions... so yes, you've just taken a big step toward learning French. And I'm really happy to help you on this journey !

How to get the most out of this book ?

First of all, you have to accept that reading in a foreign language (*in this case French*) will probably be a bit complicated, even if the stories I am going to show you are written with simple words and are easy to read. At the beginning, you will probably have difficulties understanding some words or expressions in the sentences.... and this is quite normal, don't freak out !

You don't have to try to understand every word in the sentences you read. In fact, when you discover a new word, your brain uses the context of the sentence to give it meaning. And the more you read that word in different sentences, the clearer you will get its meaning. It takes a little time, but there's nothing better for learning to speak and read a new language.

So here is how this book is constructed. First of all, you have a chapter in French, in this chapter, the words will be in bold and their translation will appear just below the paraphrase. So you can understand what you are reading while discovering new French words.

Then, at the end of the chapter, you will have a short English summary of the chapter and a summary of the vocabulary words you have discovered to make sure you have understood the text. Then, you can discover the next story !

If you don't feel like you understand the chapter after reading the summary, you can read it again slowly to understand it better. Take the time you need, learning French is not a race. By the way, my best students are those who are persistent and consistent... and that's all I wish for you to succeed !

This book is as well adapted to beginners as to people with a good level in French. My goal, through these short stories, is to make you fluent in French and to give you the confidence to travel in our country, chat with the locals and enjoy our baguettes and croissants !

Story 1 : My amazing birthday

Je m'appelle Lise. Je suis une **femme** de 39 ans. Dans la vie, j'ai beaucoup de chance. J'habite à New-York, aux **États-Unis**. C'était mon rêve de petite fille. J'ai un mari formidable qui s'appelle Dean. Il est américain. Je l'ai rencontré à Boston, pendant mes études. Je suis restée aux Etats-Unis pour lui.

Je m'appelle Lise = My name is Lise
femme = woman
États-Unis = United States

Nous **vivons** dans un bel appartement. Il se trouve à **proximité** de Central Park. C'est un parc très **célèbre**. La ville est remplie d'immeubles. C'est très agréable de regarder par la fenêtre et de voir un parc. Il y a beaucoup d'oiseaux et d'écureuils. J'adore les animaux.

vivons = we live
proximité = proximity
célèbre = famous

Notre appartement est plutôt spacieux. Il y a trois **chambres** et une grande **salle de bain**. La **cuisine** est ouverte sur le salon. Mon mari aime beaucoup cuisiner. Dans le salon, nous avons une belle télévision. Il y a aussi un canapé en cuir. Nous avons même un balcon. C'est très rare à New-York. Peu d'appartements ont un balcon.

chambres = rooms
salle de bain = bathroom
cuisine = kitchen

Je **travaille** dans la finance. Dean est **responsable informatique**. Nous travaillons tous les deux dans le quartier de Manhattan. Ce quartier est très célèbre. Tout le monde connaît ses gratte-ciels. Ce sont de grands immeubles qui touchent presque le ciel. Le **quartier** est très animé en journée.

travaille = work
responsable informatique = IT manager
quartier = neighborhood

Le **soir**, tout le monde **rentre** à la maison. Les travailleurs rejoignent leurs familles. Moi, j'attends mon mari. Il finit toujours un peu plus tard que moi. Ensuite, nous rentrons ensemble à l'appartement. Personne ne nous attend. Nous n'avons pas d'**enfants**. C'est le grand regret de ma vie.

soir = evening
rentre = come back
enfants = children

Je fête bientôt mes 40 ans. Tout le monde est au courant. Ma famille et mes amis sont en France. Ils souhaitent venir aux Etats-Unis pour l'occasion. Ils n'ont jamais **visité** New-York. Ça me ferait **plaisir** de les **accueillir**. En plus, nous avons assez de place dans notre appartement.

visité = visited
plaisir = pleasure
accueillir = welcome

Mes collègues de travail aussi veulent fêter ça. Ils ont prévu une journée sur un **bâteau**. Je **m'entends** bien avec mes collègues. Je suis heureuse de passer cette journée avec eux. Les **conjoints** et les enfants sont les bienvenus. Nous serons une vingtaine de personnes en tout. Il y aura beaucoup d'enfants.

bâteau = boat
m'entends = get along
conjoints = spouses

Nous sommes le 23 août. Dans deux jours, j'ai 40 ans. Pour fêter ça, je rejoins mes **collègues** sur un bâteau. Il y a une très bonne ambiance. Tous mes collègues sont présents avec leurs familles. Les adultes rient et les enfants jouent. Je suis émue. Mes collègues connaissent mon **parcours**. Ils savent que j'aurais aimé devenir **maman**.

collègues = colleagues
parcours = journey
maman = mom

Malheureusement, c'est impossible. Mon mari et moi n'avons pas réussi à avoir d'enfant. Les médecins disent que j'ai une maladie. La chance d'avoir un enfant est très faible. J'ai abandonné après de nombreuses tentatives. C'était trop **difficile** pour moi. Je me sentais **coupable**. Cette année, j'ai 40 ans. Il est temps de **tourner la page**.

difficile = difficult
coupable = guilty
tourner la page = move on

La fête se **poursuit**. On **danse** toute la soirée. Mes collègues quittent le bâteau tard le soir. Dean et moi sommes les derniers à partir. Nous **rentrons** en taxi. Arrivée à l'appartement, je fais un malaise. Je ne me sens pas bien. J'ai mal au ventre. Je crois que je suis fatiguée.

poursuit = continues
danse = dance
rentrons = we go home

Le **lendemain**, je me repose. La fête d'hier m'a **fatigué**. C'était génial mais je suis épuisée. Je décide de prendre quelques jours de **congés**. Mon mari aussi. Il passe la journée avec moi. Nous restons à l'appartement. Je me sens un peu mieux. J'ai moins mal au ventre qu'hier soir.

Le lendemain = the next day
fatigué = tired
congés = vacation

Si j'ai **mal au ventre**, c'est sûrement à cause du **bâteau**. Je n'ai pas l'habitude d'être sur l'eau. D'ailleurs, j'ai toujours eu le **mal de mer**. Ce n'est pas grave. La douleur va passer et tout ira mieux. Mon mari en profite pour se reposer aussi. Une journée chargée nous attend demain.

mal au ventre = stomach ache
bâteau = boat
mal de mer = seasickness

Demain, **mes proches** me rejoignent aux États-Unis. Ils sont montés dans **l'avion** à Paris. En ce moment, ils doivent **survoler** l'océan. J'ai hâte de les revoir. Cela fait deux ans que je ne les ai pas vus. Les retrouvailles vont être intenses. Il y aura beaucoup d'émotions.

mes proches = my family
l'avion = airplane
survoler = fly over

Nous sommes le 25 août. Aujourd'hui, c'est **le grand jour.** Je **fête** mes 40 ans. Ma famille est arrivée à New-York tôt ce matin. Mes meilleurs amis aussi. Je suis **en pleine forme**. Nous allons passer la journée ensemble. Leur présence est un merveilleux cadeau d'anniversaire.

le grand jour = the big day
fête = celebrate

en pleine forme = in good shape

Il fait **beau** dehors. Les températures sont **chaudes**. À midi, nous mangeons en **terrasse**. Ensuite, nous allons nous promener. Je leur fais visiter la ville. Nous passons dans le quartier de Times Square. Des néons illuminent les boutiques. Un musicien joue de la guitare dans la rue.

beau = beautiful
chaudes = warm
terrasse = terrace

Le soir, je décide d'inviter mes proches au **restaurant**. C'est un restaurant **gastronomique**. J'avais **réservé** une table depuis plusieurs mois. C'est ici que Dean m'avait demandé en mariage. Cela fait plus de dix ans maintenant. Depuis, nous n'y étions jamais retournés.

restaurant = restaurant
gastronomique = gourmet
réservé = reserved

Mes **amis** s'installent à table. Mes parents s'**assoient** à côté de moi. Dean se trouve juste en face. Tout se passe bien. Le dîner est délicieux. Nous attendons ensuite le dessert. C'est une mousse au chocolat. Mais lorsque le serveur arrive, je m'effondre. Je fais à nouveau un **malaise**.

amis = friends
assoient = sit
malaise = fainting

Ma mère appelle les **secours**. Ils arrivent rapidement. Ils disent que ce n'est pas grave. Je vais quand même à l'**hôpital** pour des contrôles. Dean est avec moi. Mes proches m'attendent à l'extérieur. Les **contrôles** durent plusieurs minutes. Au bout d'une demi-heure, je peux quitter l'hôpital. Ma vie ne sera plus la même.
secours = emergency services

hôpital = hospital
contrôles = checkups

Lorsque je sors de l'hôpital, je suis en larmes. Mes proches ont peur. Mais ce sont des larmes de bonheur. Les contrôles ont révélé un miracle. Je suis **enceinte**. Dean et moi allons être **parents**. Nous allons enfin **fonder** une famille. Mon rêve se réalise. Nous attendons ça depuis des années. Je n'y croyais plus.

enceinte = pregnant
parents = parents
fonder = found

Ma famille et mes amis sont auprès de moi. Ils connaissent mon parcours. Ils savent à quel point j'ai souffert. Tout le monde pleure de joie. Quelle **incroyable** journée ! C'est ça, mon plus **beau** cadeau d'**anniversaire**.

incroyable = incredible
beau = beautiful
anniversaire = birthday

Story 2 : A Christmas like no other

Sarah et Marc sont un **couple**. Sarah a 32 ans et Marc a 35 ans. Ils ont un enfant de 4 ans. Leur fils s'appelle Eliott. Le couple s'est marié il y a deux ans. Leur fils était encore petit. C'était un jour de **fête** pour toute la famille. Sarah et Marc prévoient d'avoir un deuxième enfant.

couple = couple
fête = party

Sarah et Marc travaillent ensemble. Ils tiennent un **garage automobile**. Sarah s'occupe de l'**accueil** des clients. Marc est **mécanicien**. Il a toujours rêvé d'ouvrir son propre garage automobile. Leur entreprise fonctionne très bien. Ils ont beaucoup de clients. Les clients apprécient leur joie de vivre et leur excellent travail.

garage automobile = car garage
accueil = reception
mécanicien = mechanic

Le couple vit dans une **maison**. C'est une maison **moderne**. Sarah adore la décoration design. Il y a un grand salon. Le salon comporte une cheminée. La cheminée est souvent allumée. C'est l'hiver alors il fait froid dehors. Nous sommes au début du mois de décembre. Le couple a installé **un sapin de Noël**. Il est déjà décoré.

maison = house
moderne = modern
un sapin de Noël = a Christmas tree

Pourtant, ils ne vont pas beaucoup en **profiter**. Marc et Sarah partent en Finlande dans quelques jours. C'est leur **voyage de noces**. Ils n'avaient pas pu en profiter après leur mariage. Ils ne voulaient pas **laisser** leur fils seul. Eliott n'avait que deux ans à l'époque.

profiter = enjoy
voyage de noces = honeymoon
laisser = leave

Le couple est **ravi** de pouvoir se retrouver. Ils avaient toujours rêvé de **découvrir** la Finlande. En plein hiver, c'est une expérience **incroyable**. Ils ont hâte de partir. Leurs valises sont déjà prêtes. Ils vont y rester deux semaines. Ils seront de retour à temps pour Noël. L'hôtel et les vols sont réservés. Ils n'ont plus qu'à embarquer.

ravi = delighted
découvrir = discover
incroyable = incredible

Nous sommes le 10 décembre au matin. Il fait très **froid** dehors. De la **neige** tombe du ciel. C'est le jour du départ pour Marc et Sarah. Ils emmènent leur fils chez sa grand-mère. C'est la mère de Sarah qui gardera Eliott pendant le voyage. Après s'être dit **au revoir**, le couple monte dans un taxi. Ils se dirigent vers l'aéroport.

froid = cold
neige = snow
au revoir = goodbye

Arrivés à l'aéroport, ils regardent **le tableau d'affichage**. Le vol est **retardé** de deux heures. La raison ? Il y a beaucoup de neige en Finlande. Ce n'est pas grave. Sarah et Marc le savent : il y a souvent des tempêtes de neige en Finlande. Ils attendent **patiemment**.

tableau d'affichage = dashboard
retardé = delayed
patiemment = patiently

C'est l'heure de monter dans l'**avion**. Le couple est **excité** à l'idée de voyager. Ils ont hâte de découvrir les paysages finlandais. Le vol se passe bien. Ils **atterrissent** avec un peu de retard. Les abords de la piste sont enneigés. Il neige encore lorsqu'ils sortent de l'avion.

avion = airplane
excité = excited
atterrissent = they land

Tout est **blanc** autour d'eux. C'est très **dépaysant**. Ils ne pouvaient pas rêver mieux. Le paysage ressemble à celui des contes de fées. Les gens sont habillés très chaudement. Tout le monde porte un **bonnet** et une écharpe. Marc a froid aux mains. Il a oublié ses gants. Il doit aller en acheter rapidement.

blanc = white
dépaysant = exotic
bonnet = beanie

Le couple commence à **découvrir** le pays. Un guide leur fait visiter la **ville**. Ils se promènent dans la nature. Ils mangent des **plats** typiques de la Finlande. Ce que Marie préfère, c'est la soupe de saumon. Marc aime aussi les plats à base de poisson.

découvrir = discover
ville = city
plats = dishes

Le **séjour** se passe **à merveille**. Sarah et Marc sont **ravis** de leur voyage. Malheureusement, leur séjour se termine. Ils rentrent en France dans quelques heures. Ils adorent la Finlande. Pourtant, ils sont contents de **rentrer**. Leur fils les attend chez sa grand-mère. Le couple veut **fêter** Noël avec Eliott. C'est très important pour eux.

séjour = stay
à merveille = wonderfully
ravis = thrilled
rentrer = to go home
fêter = celebrate

Le **vol retour** est **prévu** le 24 décembre au matin. C'est déjà demain. Sarah et Marc dorment une dernière fois à l'hôtel. Leurs **affaires** sont prêtes. Ils quitteront l'hôtel tôt demain matin. Un taxi les emmènera directement à l'aéroport. Tout est déjà prévu.

vol retour = return flight
prévu = scheduled
affaires = belongings

Le lendemain matin, le couple se **réveille**. Ils regardent par la fenêtre. Tout est blanc. Il **neige** très fort. Le taxi les attend en bas. Marc dépose les valises dans le **coffre** du taxi. Le chauffeur de taxi dit qu'une tempête de neige va arriver. Le **trajet** jusqu'à l'aéroport dure une heure.

réveille = wake up
neige = snow
coffre = trunk
trajet = journey

Il neige de plus en plus fort. Le taxi **peine** à **rouler**. Il y a beaucoup de neige sur les routes. Le sol est **glissant**. Le chauffeur roule doucement. Le couple arrive à l'aéroport avec un peu de retard. Sarah et Marc courent jusqu'à la **porte d'embarquement**. Soudain, une alarme retentit.

peine = struggle
rouler = drive
glissant = slippery
porte d'embarquement = boarding gate

Tout le monde **panique**. Quelqu'un parle dans le micro de l'aéroport. On peut entendre : - "Ceci est une **alerte** tempête de neige. Tous les vols sont **annulés**. Ne paniquez pas. Soyez patients."

panique = panic
alerte = alert

annulés = canceled

Marc et Sarah ne **s'y attendaient** pas. Ils voulaient absolument **fêter** Noël à la maison. Eliott les attend avec impatience. Leur retour est **compromis** à cause de la météo.

s'y attendaient pas = they don't expect
fêter = celebrate
compromis = compromised

Marc et Sarah doivent **attendre** à l'**aéroport**. Ils ne savent pas quand leur avion pourra **décoller**. Ils ne sont pas seuls. Il y a une centaine de personnes autour d'eux. De nombreuses personnes quittent l'aéroport. Malheureusement, le couple doit rester ici. Il n'y a plus d'hôtels disponibles.

aéroport = airport
attendre = to wait
décoller = to take off

La journée passe. Nous sommes en fin d'**après-midi**. Les vols sont **annulés** jusqu'à demain soir. Marc et Sarah ne peuvent pas rentrer. Ils sont très déçus. Dès larmes coulent sur les joues de Sarah. Elle voulait vraiment voir son fils. Le couple s'installe sur un **banc** dans l'aéroport.

après-midi = afternoon
annulés = canceled
banc = bench

Une famille avec deux **enfants** s'installe à côté d'eux. Ce sont des français. Marc et Sarah commencent à discuter avec eux. Les parents s'appellent Aude et Loïc. Ils vont eux aussi passer la nuit à l'aéroport. Marc joue avec les enfants. Sarah discute avec Aude et Loïc. Ils réalisent qu'ils vont passer **Noël** ensemble dans cet aéroport.

Une famille = a family
enfants = children
Noël = Christmas

Il commence à faire **nuit**. Marc sort de la nourriture de son sac. Il avait acheté des biscuits et du **jus de fruit**. Aude avait préparé des sandwichs. Ils décident de tout partager. Ce sera leur dîner de Noël. Sarah met un peu de musique avec son **téléphone**.

nuit = night
téléphone = phone
jus de fruit = fruit juice

Ils n'avaient pas **prévu** de passer Noël dans un aéroport. Mais finalement, tout le monde s'amuse. Marc et Sarah **se lient d'amitié** avec la famille qu'ils ont rencontrée. Ils se promettent de se revoir en France. Ce Noël n'est pas comme les autres. Mais c'est aussi une expérience **inoubliable**. Et surtout une belle rencontre.

prévu = planned
se lient d'amitié = become friends
inoubliable = unforgettable

Story 3 : Changing priorities

Fred est un homme de 34 ans. Il est **charpentier**. Son **métier** consiste à construire le toit des maisons. Il a toujours voulu faire un travail manuel. C'est un métier qu'il adore. Fred passe son temps sur les **chantiers**. Il est dehors toute la journée. C'est un travail très physique. Quand il rentre le soir, il est souvent fatigué.

charpentier = carpenter
métier = job
chantiers = construction sites

Adèle est une femme de 28 ans. Elle est **ingénieure** dans l'**industrie**. Elle est responsable d'une usine de voitures. D'ailleurs, elle aime les belles voitures. Adèle est heureuse d'aller travailler chaque jour. Elle trouve son métier très intéressant. Bientôt, elle évoluera dans son **entreprise**. Elle a obtenu une promotion.

ingénieure = engineer
industrie = industry
entreprise = company

Fred et Adèle sont **en couple** depuis 5 ans. Ils s'**aiment** très fort. Ils ont de nombreux **projets**. Ils aimeraient fonder une famille. Fred a toujours **rêvé** d'avoir des enfants. Adèle ferait une super maman. Mais Fred et Adèle vivent dans un appartement. Il n'y a qu'une seule chambre. C'est trop petit pour accueillir un enfant.

en couple = in a relationship
aiment = love
projets = projects
rêvé = dreamed

Le couple va bientôt **démarrer** un grand projet. Ils aimeraient **vivre** dans une maison. Et cette maison, ils veulent la construire eux-mêmes. Fred travaille dans le **domaine** de la construction. Il sait comment se passe un **chantier**. Adèle est bricoleuse. Elle est ravie de participer à la construction.

démarrer = start

vivre = live
domaine = field
chantier = construction site

La **construction** est déjà **planifiée**. Le **chantier** va débuter bientôt. Il va durer une année. Fred et Adèle pourront emménager avant la fin de l'année. Ils ont hâte de commencer. Le rêve de leur vie va se réaliser. Ils attendent ça depuis leur rencontre.

construction = construction
planifiée = planned
chantier = construction site

Le **chantier** a démarré. Fred et Adèle **commencent** à **construire** la maison. Mais un imprévu est arrivé. Adèle vient d'apprendre qu'elle est enceinte. Fred et Adèle vont devenir parents. Le problème, c'est que le chantier doit avancer. Ils ne peuvent pas attendre. Il faut même être encore plus rapide. La maison doit être terminée avant l'arrivée du bébé.

chantier = construction site
commencent = begin
construire = build

Bientôt, Adèle ne pourra plus **participer** au chantier. Elle devra se **reposer**. Fred sera seul à travailler. Alors le couple passe tout son temps libre au chantier. Ils espèrent avancer le plus vite possible. Ils mettent les bouchées doubles. Ils n'ont même plus le temps de se reposer.
bientôt = soon
participer = participate
reposer = rest

Au **bout** de six mois, la construction a bien avancé. La **maison** prend forme. Elle a des murs en brique et un **toit**. Mais il y a encore beaucoup de travail. Adèle vient d'arrêter de travailler. Elle va accoucher dans trois mois. Elle ne peut plus aider Fred. Fred doit finir la maison tout seul.

bout = end
maison = house
toit = roof

Cela fait six mois que le **couple** ne s'est pas reposé. Fred travaille tous les jours au chantier. Adèle est seule dans l'appartement. Elle aimerait partager sa **grossesse** avec Fred. Mais il n'a pas le **temps**. Alors il n'est pas très présent. Adèle se sent de plus en plus seule.

couple = couple
grossesse = pregnancy
temps = time

Le **chantier** commence à épuiser le couple. Adèle et Fred ne se voient presque plus. Adèle est **triste** d'être toujours **seule**. Fred travaille beaucoup. Mais il se sent incompris. Le couple se dispute souvent. Ils commencent même à douter de leur projet.

chantier = construction site
triste = sad
seule = alone

Les jours passent et se ressemblent. Le **chantier** de construction avance lentement. Fred y dépense beaucoup d'énergie. Adèle aurait besoin de **soutien**. Mais le couple ne se **parle** plus. Fred veut absolument terminer la maison rapidement. Il oublie d'être présent pour Adèle.

chantier = construction site
soutien = support
parle = speak

Un soir de décembre, Adèle se rend au chantier. Fred installe l'**électricité**. Il est très concentré. Il ne voit même pas Adèle arriver. Elle lui demande si tout va bien. Fred ne répond pas. Il n'entend rien. Il pense au travail qu'il reste à faire. Il en oublie la **femme** de sa vie.

électricité = electricity
femme = woman

Adèle rentre à l'appartement. Elle fond en **larmes**. Fred ne voit pas qu'elle se sent mal. Cette situation l'**épuise**. Elle n'en peut plus. Elle pense même à **quitter** Fred. Ce n'est plus l'homme qu'elle a connu. Il ne l'écoute plus. Il ne la regarde plus. Il ne pense qu'à son chantier.

larmes = tears
épuise = exhausts
quitter = leave

Adèle et Fred se **disputent** une fois de plus. Adèle prépare ses **valises**. Elle est prête à **partir**. Elle n'en peut plus. Cette fois, elle part pour de bon. Fred réalise enfin ce qu'il se passe. Il ne veut pas laisser partir Adèle. Il est très amoureux. En plus, ils vont avoir un enfant ensemble.

disputent = argue
valises = suitcases
partir = leave

Fred **demande** à Adèle de **rester**. Le couple discute enfin. Ils prennent une décision importante. La construction de la maison est à l'origine de cette situation. Alors le chantier est mis en pause dès maintenant. Adèle est soulagée. Elle prend Fred dans ses bras.

demande = ask
rester = stay

La **naissance** du **bébé** est prévue pour bientôt. Fred et Adèle vont devenir **parents** dans deux semaines. La maison ne sera pas terminée. Le couple accueille son enfant dans l'appartement. Cette situation durera encore quelques mois. Mais ce n'est pas grave.

naissance = birth

bébé = baby
parents = parents

Le principal, c'est que le couple se retrouve. Fred a enfin compris. Il ne veut pas **perdre** Adèle. C'est la **femme** de sa vie. Il regrette de ne pas l'avoir **écoutée**. Il n'a pas vu quand elle était triste. Il n'a pas été présent pour elle. Il n'a pas été là pour le futur bébé.

perdre = lose
femme = woman
écoutée = listened

On ne peut pas **revenir** en **arrière**. Mais on peut agir sur le futur. Fred a décidé de changer. Il ne veut plus jamais reproduire ses erreurs. Il promet à Adèle d'être là pour elle. Et pour leur bébé. Finalement, la maison n'est plus sa **priorité**. La priorité, c'est sa **famille**.

revenir = return
arrière = back
priorité = priority
famille = family

Le **bébé** est né deux semaines plus tard. Fred ne **pense** plus au chantier. Tout ce qui compte, c'est Adèle et leur bébé. C'est une petite fille. Elle s'appelle Camille. Camille a trouvé sa place dans l'appartement. Elle connaîtra sa nouvelle maison dans quelques mois.

bébé = baby
pense = thinks

En attendant, Fred a pris des vacances. Il veut profiter de sa fille. Il veut créer des **souvenirs**. C'est bien plus important que la **construction**. Il faut vivre l'instant **présent**. Après tant de **difficultés**, le couple l'a bien compris.

souvenirs = memories

construction = construction
présent = present
difficultés = difficulties

Story 4 : A newcomer to the family

Je m'appelle Laurie. J'ai 31 ans. Je vis avec mon mari, Romain. Il a 35 ans. Nous avons un fils de 5 ans. Il s'appelle Théo. Nous habitons dans un petit **appartement**. L'appartement se trouve à Paris. Nous avons de la chance de vivre ici. J'aime la ville. Mes boutiques préférées sont situées à **proximité**. C'est très **agréable**.

appartement = apartment
proximité = proximity
agréable = enjoyable

Il y a d'autres points positifs. L'appartement se trouve à côté des transports en commun. J'accompagne notre fils à l'école en bus. Je **travaille** juste en **face** de l'école. Je suis vendeuse dans un **magasin**. Mon mari prend le **métro** pour aller travailler. Il travaille dans un bureau d'architecte.

travaille = work
face = opposite
magasin = store
métro = subway

Lorsque j'étais enfant, j'avais un chien. C'était un labrador. Il s'appelait Rex. Je n'ai pas de frère ni de **sœur**. Rex était mon **meilleur** ami. Il est mort quand j'avais 12 ans. J'étais très **triste**. Depuis, je n'ai plus jamais eu de chien. Il me manque beaucoup. J'ai toujours aimé les **animaux**. J'aimerais que Théo grandisse avec un chien.

sœur = sister
meilleur = best
triste = sad

animaux = animals

Malheureusement, notre appartement est trop petit. On ne peut pas avoir de chien. Il serait triste sans jardin. Alors nous avons adopté des **poissons**. Ils vivent dans un aquarium. Je pense qu'ils sont heureux. Mon fils aime les **observer**. Il s'assoit devant l'aquarium et il les regarde.

poissons = fish
observer = observe

Mon mari aussi avait un chien. C'était un berger allemand. Romain a laissé son chien chez ses **parents**. Il ne pouvait pas l'**emmener** dans l'appartement. Sa **présence** lui manque beaucoup. Il rêve aussi d'adopter un chien. Un jour peut-être…

parents = parents
emmener = take
présence = presence

Ce week-end, nous partons chez mes parents. Ils habitent à la **campagne** dans le **sud-ouest**. Nous prenons le **train** en direction de Toulouse. C'est très loin de Paris. Nous ne voyons pas souvent mes parents. Cela fait un an qu'ils n'ont pas vu Théo.

campagne = countryside
sud-ouest = southwest
train = train

Tout le monde **se réjouit** de ce week-end. C'est l'**anniversaire** de mon père. Il fête ses 65 ans. La **famille** entière est **réunie**. Ma grand-mère est présente. Elle est très âgée. Mes oncles et mes tantes sont là aussi. Ils sont ravis de voir notre fils. Ils trouvent que Théo a beaucoup grandi.

réjouit = delighted
anniversaire = birthday
famille = family

réunie = gathered

Samedi soir, c'est l'heure de la fête d'anniversaire. Nous préparons le repas. Nous ouvrons même une bouteille de champagne. Mon père est très heureux. Nous sommes tous **réunis** ici pour lui. La **soirée** se passe très bien. Vers minuit, tout le monde va **se coucher**. Mes parents ont une grande maison. Nous dormons dans la chambre d'amis.

réunis = gathered
soirée = evening
se coucher = go to bed

Dimanche, nous faisons une grasse matinée. Nous dormons jusqu'à 10h. Ma mère a préparé un brunch. Tout le monde se **retrouve** dans le **salon**. Cette **maison** de campagne est très chaleureuse. On s'y sent toujours bien. Après le brunch, nous allons nous promener. Romain veut découvrir la région.

retrouve = gather
salon = living room
maison = house

Les **paysages** de la région sont magnifiques. Nous sommes **habitués** à la ville. C'est très **dépaysant**. En nous promenant, Théo entend des chiens. Ils aboient. Le bruit provient d'un bâtiment. Nous nous approchons. C'est un refuge pour les animaux abandonnés. On peut y adopter un chien, un chat ou un lapin.

paysages = landscapes
habitués = accustomed
dépaysant = disorienting

Nous **rentrons** dans le refuge. Il y a une **dizaine** de chiens qui aboient. Il y a aussi des chats qui **miaulent**. Théo veut tous les caresser. Ce n'est pas possible. Les animaux se trouvent dans des cages. Ils nous regardent à travers les barreaux. C'est triste. J'ai les larmes aux yeux. J'aimerais aider tous ces animaux.

rentrons = return
dizaine = ten
miaulent = meow

Nous faisons un tour dans le **refuge**. Les animaux semblent nous **apprécier**. Théo joue avec eux à travers les **barreaux**. Je le surveille. J'ai peur qu'un chien le morde. Romain m'appelle : "Laurie, viens voir. On ne peut pas repartir sans lui.", dit-il.

refuge = shelter
apprécier = appreciate
barreaux = bars

Je m'approche. Il me montre la **cage** d'un chien. C'est un petit husky. Il ressemble à un **loup**. Il est magnifique. Le husky me regarde intensément. Il a de beaux yeux bleus. Théo reste très calme. Ils s'observent. Quelque chose d'incroyable se passe. Je crois que ce petit chien se sent bien avec nous.

cage = cage
loup = wolf

Romain et moi avons un **coup de cœur**. Impossible de laisser ce petit chien dans cette cage. Nous souhaitons qu'il rejoigne notre **famille**. Nous allons **prendre soin de** lui. Il faut lui offrir la vie qu'il mérite. Théo serait tellement heureux d'avoir un nouveau copain.

coup de cœur = love at first sight
famille = family
prendre soin de = take care of

J'appelle un responsable du **refuge**. Je lui dis que nous **souhaitons adopter** le petit husky. Il nous pose plusieurs questions. Il nous demande où nous habitons. Je réponds que nous vivons dans un appartement. Aïe... Il refuse que nous adoptions ce chien. C'est un chien qui a besoin d'espace. Il est obligatoire d'avoir un jardin.

refuge = shelter
souhaitons = want
adopter = adopt

Nous sommes très tristes. Nous avons eu un **vrai coup de cœur**. Ce petit chien faisait déjà partie de la **famille**. Il faut y **renoncer** et le laisser là. C'est l'heure de rentrer à la maison. Nous marchons vers le parking. Théo pleure. Il ne veut pas quitter le petit husky.

vrai coup de cœur = true love at first sight
famille = family
renoncer = give up

Soudain, j'ai une idée. Théo et Romain s'installent dans la voiture. Je leur dis de m'**attendre**. Je **retourne** vers le refuge. Cela dure un **quart d'heure**. Ensuite, je reviens vers la voiture. Mais cette fois, je ne suis pas seule. Le petit husky se trouve dans mes bras.

attendre = wait
retourne = return
quart d'heure = quarter of an hour

Je dis à Romain et Théo que notre famille s'agrandit. Notre chien préféré part avec nous. Comment est-ce possible ? J'ai téléphoné à mes parents. Ils vivent dans une grande maison de campagne. Ils souhaitent **accueillir** le chien chez eux. J'ai **expliqué** la **situation** au responsable. Il a accepté de me laisser repartir avec lui. Romain et Théo sont heureux.

accueillir = welcome
expliqué = explained
situation = situation

Nous arrivons chez mes parents. Ils attendent déjà dehors. Ils sont prêts à **accueillir** le petit chien. Ils **souhaitent** avoir un chien **depuis longtemps**. C'est donc une belle surprise pour eux. Ils vont très bien s'en occuper. Le petit husky va être heureux ici.

accueillir = welcome
souhaitent = want
depuis longtemps = for a long time

Nous allons venir ici plus souvent. Romain et moi souhaitons voir grandir ce nouveau chien. Théo pourra jouer avec lui. C'est l'heure de **quitter** mes parents. Ils demandent à Théo de **choisir** un **prénom** pour le chien. Le petit husky s'appellera Joy. C'est une grande joie de l'avoir adopté.

quitter = leave
choisir = choose
prénom = name

Story 5 : The Great Treasure Hunt

Inès a **29 ans**. Elle a de **beaux cheveux** noirs. Ils sont longs et bouclés. C'est une femme mince et sportive. Elle aime prendre soin d'elle. Son sport préféré, c'est la course à pied. Inès ne va plus à la salle de sport. Elle fait du running à l'extérieur.

29 ans = 29 years old
beaux cheveux = beautiful hair

Inès a 2 enfants. Son fils s'appelle Amir. Il a **7 ans**. Sa fille s'appelle Nora. Elle a 4 ans. Inès vit seule avec ses deux enfants. C'est une mère célibataire. Le père des enfants est parti il y a trois ans. Depuis, il n'a jamais donné de nouvelles.

7 ans = 7 years old

L'an dernier, Inès a **perdu** son **travail**. Elle était **agent immobilier**. Pour vivre, elle fait des petits boulots. Parfois, elle est serveuse dans un restaurant. Parfois, elle fait le ménage dans des bureaux. Les fins de mois sont souvent difficiles. Elle ne gagne pas beaucoup d'argent. C'est juste suffisant pour nourrir ses enfants.

perdu = lost
travail = job
agent immobilier = real estate agent

Il y a quelques mois, la famille a dû **déménager**. Inès n'avait plus **assez d'argent**. Son **ancien appartement** coûtait trop cher. Elle a pris un appartement plus petit. Il n'y a que deux chambres. Les enfants dorment dans la même chambre. L'immeuble est vieux et sale. Mais ce n'est pas grave. Le principal pour Inès, c'est d'avoir un toit.

déménager = move
assez d'argent = not enough money
ancien appartement = old apartment

Inès veut le **meilleur** pour ses enfants. Elle veut leur **offrir** une **belle vie**. Elle travaille beaucoup pour cela. Elle ne prend jamais de vacances. Inès est souvent épuisée. Mais elle continue tout de même de travailler. Un jour peut-être, elle partira en vacances avec ses enfants.

meilleur = best
offrir = offer
belle vie = good life

Le **soleil** brille. Les températures augmentent. C'est l'**été** qui arrive à grands pas. Cette année, Amir et Nora partent en **vacances**. Cela fait deux ans qu'ils n'étaient pas partis. Ils vont voir la mer. Ils vont passer une semaine dans le sud de la France. Mais cet été, ils partent sans leur maman.

soleil = sun
été = summer
vacances = vacation

Les enfants partent en **colonie de vacances**. C'est un **voyage** avec beaucoup d'**autres enfants**. Ils vont pouvoir s'amuser tous ensemble. Le voyage est offert par une association. L'association aide les enfants à partir en vacances. Des centaines d'enfants en profitent chaque année.

colonie de vacances = summer camp
voyage = trip
autres enfants = other children

La **veille** du **départ**, les affaires sont prêtes. Les **valises** des enfants sont bien remplies. Ils emmènent leur maillot de bain, des lunettes de soleil et de la crème solaire. Nora glisse un ours en peluche dans son sac. C'est son doudou. La petite fille part pour la première fois sans sa maman.

veille = night before
départ = departure
valises = suitcases

C'est enfin le jour J. Les enfants ont hâte de partir. Inès les emmène à l'arrêt de bus. Le bus des enfants est déjà là. Le responsable de la colonie les accueille. Il promet de **bien s'occuper** des enfants. C'est un moment rempli d'**émotions**. Inès laisse partir ses enfants pour la **première fois**.

bien s'occuper = take good care of
émotions = emotions
première fois = first time

Ça y est. L'heure du grand départ a sonné. Le bus démarre. Le klaxon retentit. Les enfants disent au **revoir** par la fenêtre du bus. Inès verse une petite **larme**. Mais elle est heureuse. Ses enfants vont enfin voir la **mer**. Ils vont se faire plein de copains. Tout va bien se passer.

revoir = goodbye
larme = tear
mer = sea

Après plusieurs heures de route, le bus arrive enfin. Amir et Nora ont **dormi** une partie du voyage. Ils ouvrent les yeux et découvrent la mer. Les enfants sortent du bus un à un. Amir et Nora marchent sur le **sable**. Ils retirent leurs **chaussures**. Ils sentent le sable entre leurs orteils. C'est la première fois.

dormi = sleep
sable = sand
chaussures = shoes

Après cette courte pause face à la mer, le bus doit repartir. Il faut rejoindre le centre de vacances. C'est là que vont dormir les enfants. Amir et Nora sont dans la même **chambre**. Ils partagent leur chambre avec trois autres enfants. Les enfants ont entre 4 et 10 ans. Nora est la plus **jeune**.

chambre = bedroom
jeune = young

Le lendemain, un jeu est organisé pour les enfants. Il s'agit d'une chasse au trésor à la plage. Les enfants choisissent leur **équipe**. Chaque équipe reçoit une **carte**. Sur la carte, il y a une **croix**. Cette croix indique où se trouve le trésor. L'équipe qui trouve le trésor gagne.

équipe = team
carte = map
croix = cross

Nora et Amir sont dans la même équipe. Ils sont avec les trois enfants qui partagent leur chambre. Ils commencent à étudier la carte. Elle indique : "Rendez-vous au **drapeau** vert. Faites 15 pas vers la **gauche**. Ensuite, faites 10 pas en **avant**. Faites 3 pas vers la **droite**. Creusez pour trouver le coffre.".

drapeau = flag
gauche = left
avant = front
droite = right

Les enfants suivent les **instructions**. Ils commencent à creuser dans le sable. Ils ne trouvent rien. Ils élargissent leurs **recherches**. Ils creusent un peu plus loin. Amir sent quelque chose avec ses doigts. Ils doivent trouver un coffre. Zut. C'est une **bouteille** en verre. Amir la sort du sable. Il veut la jeter à la **poubelle**.

instructions = instructions
recherches = search
bouteille = bottle
poubelle = trash

Amir se dirige vers la poubelle. Nora court derrière lui en criant. Elle lui dit de **regarder** dans la bouteille. La bouteille contient un bout de papier. Impossible de sortir le bout de papier. Il faut **casser** la bouteille. Mais pas le temps, c'est l'heure d'aller manger. Amir glisse la bouteille dans son sac.

regarder = look
casser = break

C'est une autre équipe qui a trouvé le **trésor**. Ce n'est pas **grave**. D'autres **jeux** sont **organisés** toute la semaine. Les enfants auront d'autres occasions de gagner. En attendant, les enfants profitent de leurs vacances. Ils jouent dans le sable. Ils se baignent dans la mer.

trésor = treasure
grave = serious
jeux = games
organisés = organized

Le séjour touche déjà à sa fin. Il est temps de rentrer pour Amir et Nora. Les enfants se disent au **revoir**. Le bus quitte le centre de vacances. Il **ramène** tout le monde à la **maison**. Inès **attend** ses enfants à l'arrêt de bus. Elle est heureuse de les retrouver.

revoir = goodbye
ramène = brings
maison = home
attend = waits

Inès, Amir et Nora rentrent à l'appartement. Inès commence à ranger les affaires des enfants. Elle ouvre le sac d'Amir. Elle sort une bouteille en verre. Amir avait **oublié** qu'il avait cette bouteille. Il lui **raconte** ce qu'il s'était passé. Inès **casse** la bouteille. Elle sort le bout de papier et commence à lire.

oublié = forgotten
raconte = tells
casse = breaks

Sur le papier, il est écrit : " Un **véritable** trésor est **caché** sur la **plage** des Sables d'Or, en Bretagne. Rendez-vous au bout de la plage. Creusez à côté du grand rocher."

véritable = real
caché = hidden
plage = beach

Un vrai trésor est-il caché sur cette **plage** ? Personne ne le **sait**. Inès **prend** une grande **décision**. Pour les prochaines vacances, la famille partira en Bretagne. Inès veut en avoir le cœur net avec cette mystérieuse bouteille à la mer !

plage = beach
sait = knows
prend = takes
décision = decision

Story 6 : Broken down car and nice surprise

Gérard est un homme de 58 ans. Normalement, on travaille encore à cet âge. Mais Gérard ne travaille plus depuis longtemps. Il a **fait fortune** dans l'**immobilier**. Il **loue** des appartements et des maisons. Chaque mois, il a un **revenu**. Il gagne beaucoup d'argent. Gérard a aussi investi de l'argent dans des entreprises. Il s'est créé une vie de rêve.

fait fortune = made a fortune
immobilier = real estate
loue = rents
revenu = income

Gérard vit dans une villa. La villa se trouve à Cannes. C'est la ville du **célèbre** Festival de Cannes. Les plus grandes **stars** s'y rendent chaque **été**. Depuis son salon, Gérard a une vue magnifique. Sa fenêtre donne directement sur la mer Méditerranée. Nombreux sont ceux qui rêveraient de vivre dans cette villa.

célèbre = famous
stars = stars
été = summer

Gérard n'a pas vraiment de famille. Il n'a ni femme, ni enfants. Sa **mère** est très âgée. Son **père** est décédé. Mais il a beaucoup d'**amis**. Ce sont tous des **millionnaires**. Ses amis viennent souvent lui rendre visite. Ils partagent de belles soirées dans la villa. Il y a du champagne, un DJ et des personnes célèbres.

mère = mother
père = father
amis = friends
millionnaires = millionaires

Gérard occupe ses journées en profitant de son **argent**. Il **voyage** partout dans le monde. Il se paye les plus beaux **hôtels** et les meilleurs restaurants. Il aime s'acheter des montres et du bon vin.

Il aime aussi faire des cadeaux à ses amis. D'ailleurs, il va souvent rendre visite à ses amis.

argent = money
voyage = travels
hôtels = hotels

Le meilleur ami de Gérard habite en Corse. Il s'appelle Marius. Il vit avec sa femme dans un beau **château**. On peut rejoindre la Corse en **bâteau** ou par **avion**. En général, Gérard prend l'avion. Il trouve qu'en bâteau, c'est trop long.

château = castle
bâteau = boat
avion = plane

Nous sommes en plein milieu de l'été. Gérard veut rendre visite à son ami Marius, en Corse. Comme d'habitude, il prend l'**avion**. Une fois arrivé à l'**aéroport**, Gérard loue une **voiture**. C'est une voiture de **luxe**. Il choisit sa préférée. C'est une Ferrari rouge toute neuve.

avion = plane
aéroport = airport
voiture = car
luxe = luxury

Marius habite à trois heures de route de l'aéroport. Gérard prend son **temps**. Il a toute la journée devant lui. Il **monte** dans la voiture. Il s'installe au **volant**. Ensuite, il allume la radio puis démarre. Gérard adore écouter de la musique en roulant.

temps = time
monte = gets in
volant = steering wheel

En **Corse**, le **paysage** est à couper le souffle. On ne s'ennuie pas sur la **route**. Le temps passe rapidement. Gérard est parti il y a une heure et demie. Il est temps de faire une **pause**. Il se trouve au bord d'une falaise. Il n'y a rien autour. Il est seul face à la nature. C'est beau !

Corse = Corsica
paysage = landscape
route = road
pause = break

Après cette courte pause, Gérard remonte dans la voiture. Il veut continuer sa route. Il essaye de **démarrer** la voiture. Elle fait un **bruit** étrange. La voiture rouge ne démarre plus. Gérard prend son **téléphone**. Il veut appeler une **dépanneuse**. Malheureusement, son téléphone n'a plus de batterie. Il est bloqué là, au milieu de nulle part. La nuit tombe.

démarrer = start
bruit = noise
téléphone = phone
dépanneuse = tow truck

La route est **déserte**. Aucune **voiture** ne passe à cette **heure-ci**. Gérard décide d'aller chercher de l'aide. Il se promène aux alentours. Il espère trouver quelqu'un. Il marche. Longtemps. Mais il ne voit personne. Au loin, il aperçoit une petite cabane. Elle semble abandonnée. Il marche dans sa direction.

déserte = deserted
voiture = car
heure-ci = this hour

Gérard ouvre la porte de la petite maison en bois. Tout est **sombre**. Il y a un **escalier** en face de lui. Il y a des toiles d'araignées. L'endroit ne semble pas habité. Pour en être sûr, Gérard crie : "Eh oh ! Il y a quelqu'un ?", dit-il.

sombre = dark
escalier = staircase

Personne ne répond. Gérard continue d'**explorer** les lieux. Au bout de quelques minutes, il entend du **bruit**. C'est le bois qui craque. Cela ressemble à un bruit de pas. Quelqu'un semble **marcher** à l'étage. Il monte doucement. En haut, il fait sombre aussi. Mais au fond de la pièce, il y a une petite lampe. Gérard remarque une silhouette.

explorer = explore
bruit = noise
marcher = walk

Il s'approche. Une femme est assise à côté de la lampe. Elle tient un bébé dans ses bras. Elle semble avoir peur. Gérard **se présente**. Il explique son **problème** de voiture. Il lui dit qu'il cherche de l'aide. La femme se **détend**. Elle n'a plus peur. Elle se présente à son tour :
se présente = introduces
problème = problem
détend = relaxes

"Je m'appelle Jade. J'ai quitté mon **mari** la **nuit** dernière. Il était **violent** avec moi et avec mon bébé. Je me suis réfugiée ici. Moi aussi, je cherche de l'aide."

mari = husband
nuit = night
violent = violent

Gérard est touché par l'histoire de Jade. C'est une très belle femme. Elle a les **cheveux** lisses. Elle porte une longue **robe** à **fleurs**. Son bébé se trouve au chaud dans une couverture. Ils semblent tous les deux en bonne santé.

cheveux = hair
robe = dress
fleurs = flowers

Jade souhaite voir la voiture en panne. Elle est **passionnée** de voitures. Elle **s'y connaît** un peu en **mécanique**. Elle va peut-être pouvoir aider Gérard à repartir. Il fait nuit mais la lune est très lumineuse ce soir.

passionnée = passionate
s'y connaît = knows a bit
mécanique = mechanics

Jade est couchée sous la voiture. C'est une Ferrari. La voiture de ses rêves. Elle trouve rapidement l'**origine** de la **panne**. Elle essaye de **réparer** le problème. Gérard tient le **bébé** dans ses bras. Il n'a pas d'enfant. Il apprécie ce moment si spécial.

origine = origin
panne = breakdown
réparer = repair
bébé = baby

Au bout d'une heure, Jade revient vers Gérard. Elle pense avoir résolu le problème. Elle lui demande de démarrer la voiture. Gérard monte dans la voiture. **Suspens**. Elle **démarre** ! Jade a **réparé** la voiture en panne. Gérard peut enfin repartir.

suspens = suspense
démarre = starts
réparé = repaired

Il remercie Jade de l'avoir aidé. Sans elle, il aurait passé la nuit dehors. Il est désormais **prêt** à repartir. Mais s'il repart, Jade se **retrouvera seule** avec son bébé. Elle dormira dans cette **maison** abandonnée. Une fois de plus. Pour Gérard, il en est hors de question.

prêt = ready
retrouvera = will find
seule = alone
maison = house

Gérard doit absolument les sauver. Il prend le bébé dans ses bras. Il s'installe sur le **siège** passager. Il demande à Jade de s'installer au **volant**. Il sait que Jade rêve de conduire une Ferrari. Ensemble, ils se **dirigent** vers le château de Marius.

siège = seat
volant = steering wheel
dirigent = head towards

Jade et son bébé pourront dormir en sécurité. Gérard souhaite **offrir** un **cadeau** à Jade pour la remercier. Il va l'**aider** à trouver un **appartement**. En attendant, il lui **paye** une chambre d'hôtel. Mais ce n'est pas tout. Il lui offre aussi une Ferrari rouge toute neuve. Après tout, c'était son rêve.

offrir = offer
cadeau = gift
aider = help
appartement = apartment
paye = pays

Story 7 : Heroes in the hospital

Audrey a 37 **ans**. C'est une femme **heureuse**. Elle est mariée avec Greg depuis dix ans. Audrey et Greg se sont rencontrés à l'école. Ils étaient encore enfants. Ensuite, ils se sont perdus de vue. Ils ont repris contact pendant leurs études. Depuis, ils ne se sont plus jamais quittés.

ans = years
heureuse = happy

Le couple a trois enfants. Lina et Céline ont toutes les deux 8 ans. Ce sont des **jumelles**. Elles sont nées le même jour. Julian est **le petit dernier**. C'est un garçon de 6 ans. Les enfants de Greg et Audrey s'entendent très bien. Ils jouent souvent ensemble. Ils aiment être en famille.

Le couple = The couple
jumelles = twins
le petit dernier = the youngest

Audrey est **infirmière**. Elle aime profondément son **métier**. Elle a toujours voulu s'occuper des gens. Petite, elle rêvait d'être médecin. Mais elle a changé d'avis. Elle ne regrette pas son choix. Au contraire. Elle **se lève** avec plaisir tous les matins. Elle est heureuse d'aller travailler.

infirmière = nurse
métier = profession
se lève = gets up

D'ailleurs, ses patients l'apprécient beaucoup. Audrey travaille dans un **hôpital**. Elle **soigne** les **malades**. Elle est toujours là quand ils ont besoin d'aide. Elle s'occupe très bien d'eux. C'est une très bonne infirmière. Elle prend son temps. Elle discute longtemps avec les patients. C'est pour ça qu'elle aime autant son métier.

hôpital = hospital
soigne = cares for
malades = sick

Greg est **ambulancier**. Il conduit une ambulance. Il transporte les **blessés** et les malades à l'**hôpital**. Greg travaille dans le même hôpital qu'Audrey. Ils se croisent souvent sur leur lieu de travail. C'est important pour eux. Les deux ont un métier qui prend du temps.

ambulancier = ambulance driver
blessés = injured
hôpital = hospital

Greg et Audrey vivent dans une **maison**. Ils ne se voient pas souvent. Leurs **horaires de travail** sont assez particuliers. Parfois, Audrey travaille le jour alors que Greg travaille la nuit. D'autre fois, c'est l'inverse. Mais le couple a réussi à trouver son **équilibre**. Les enfants **profitent** de chaque moment en famille. C'est très important pour eux.

maison = house
horaires de travail = work schedules
équilibre = balance
profitent = benefit from

Nous sommes en **milieu d'année**. Tout se passe bien pour Audrey et sa famille. Il n'y a pas beaucoup de malades à l'hôpital. C'est une bonne nouvelle. Audrey peut même prendre des jours de **congés**. Elle a très peu de **vacances**. Chaque jour de congé est important.

milieu d'année = mid-year
congés = days off
vacances = vacation

En octobre, tout change. Les **Français** ont appris une **mauvaise nouvelle**. Un virus circule dans le pays. Beaucoup de gens sont **contaminés**. Ils tombent malades. Le virus ressemble à une **grippe**. Certains ont seulement mal à la tête. D'autres ont le nez qui coule. Mais certaines personnes sont atteintes plus gravement.

Français = French
mauvaise nouvelle = bad news
contaminés = contaminated
grippe = flu

En ce moment, il y a peu de cas graves. Mais le pays entier est en alerte. Les **médias** commencent à en **parler**. À la télévision, on ne parle que de ça. Les gens ont **peur** d'être contaminés. Audrey et Greg remarquent la différence. Leurs patients ne parlent plus que du virus.

médias = media
parler = talk
peur = fear

Greg et Audrey ont organisé des vacances cet hiver. Ils voulaient emmener leurs enfants au **ski**. Ils n'y sont encore jamais allés. Tout le monde se réjouit. Mais le virus est en train de changer leurs plans. Audrey sent que la situation va s'**aggraver**.

ski = ski
aggraver = worsen

C'est la panique à l'hôpital. Des dizaines de **malades** arrivent chaque jour. Il n'y a plus assez de place pour les malades. Les médecins sont **débordés**. Les infirmiers courent partout. D'autres infirmiers sont appelés en renfort. Ils doivent venir aider leurs **collègues**.

malades = sick
débordés = overwhelmed
collègues = colleagues

C'est le premier jour des vacances pour Audrey. Greg travaille encore aujourd'hui. Vers midi, Audrey reçoit un appel. C'est le **médecin** de l'hôpital. Il parle très **rapidement**. Il n'a pas le temps. Il demande à Audrey de revenir au plus vite. L'hôpital a besoin d'elle. Il a beaucoup de patients mais pas assez d'infirmiers.

médecin = doctor
rapidement = quickly

Audrey appelle sa mère. Elle lui demande de venir **garder** les enfants. Lina, Céline et Julian sont tristes de voir repartir leur maman. Ils attendaient ces vacances avec **impatience**. Julian se met à **pleurer**. Il voudrait voir sa maman plus souvent. Elle n'est presque jamais à la maison.

garder = watch

impatience = impatience
pleurer = cry

Les enfants passent leur journée à jouer. Ils font des **gâteaux** avec leur grand-mère. C'est une **belle** journée. Mais ils ont **hâte** de voir rentrer leurs parents. D'habitude, Greg et Audrey rentrent vers 19h. Julian regarde l'horloge. Il est déjà 20h. Ils ne sont toujours pas là. Vers 22h, le téléphone sonne. C'est Audrey. Cette nuit, elle dort à l'hôpital.

gâteaux = cakes
belle = beautiful
hâte = eagerness

Le nombre de malades augmente à l'**hôpital**. Les infirmiers sont débordés. Les ambulanciers aussi. Audrey et Greg doivent rester **en renfort**. Pas de **vacances** pour eux cette année. Les enfants pleurent chaque jour. Leurs parents leur manquent beaucoup.

hôpital = Hospital
en renfort = on call
vacances = vacation

Pendant une semaine, Audrey et Greg ont travaillé sans cesse. Ils sont restés à l'hôpital pour travailler. Ils sont rentrés une ou deux fois à la maison. C'était pour chercher des affaires propres. Ils ont à peine pu embrasser leurs enfants. C'est une situation difficile pour tout le monde.

une semaine = one week
travailler = work
chercher = search

Les enfants **en veulent** beaucoup à Audrey et Greg. Julian pense que sa maman **ne veut pas s'occuper** de lui. Il ne comprend pas ce qu'il se passe. Il ne **réalise** pas que sa maman a un travail très important. Elle soigne des malades. Chaque jour, elle **sauve** des vies.

en veulent = blame
ne veut pas s'occuper = doesn't want to care for
réalise = realizes
sauve = saves

Au bout de quelques jours, la situation **s'apaise**. Il y a de moins en moins de malades. Audrey et Greg rentrent enfin à la maison. Ils sont **épuisés**. Ils ont besoin de beaucoup de repos. Ils sont **obligés** d'annuler leurs vacances au ski. Ils n'ont pas assez d'**énergie**. Les enfants sont tristes. Ils avaient tellement envie de partir en vacances.

s'apaise = calms down
épuisés = exhausted
obligés = forced
énergie = energy

Un soir, la famille se retrouve devant la télévision. C'est l'heure du **journal télévisé**. Le présentateur parle des informations importantes. Il parle surtout de l'**épidémie** qui a touché le pays. Il parle aussi de la **panique** à l'hôpital. Ensuite, il félicite les médecins, infirmiers et ambulanciers. Ils ont travaillé jour et nuit. Il dit que ce sont eux les **héros**.

journal télévisé = news
épidémie = epidemic
panique = panic
héros = heroes

Au même moment, une vidéo apparaît à l'écran. Ce sont des **journalistes** qui ont filmé l'hôpital. Sur l'image, on voit Audrey. Elle est en train de s'occuper des **malades**. On voit aussi Greg, il **conduit** l'ambulance avec des patients atteints du virus. Les enfants sont **concentrés**. Ils réalisent que ces héros, ce sont bien leurs parents.

journalistes = journalists

malades = sick
conduit = drives
concentrés = focused

Story 8 : Looking for Maya

Sacha est un garçon de 9 ans. Il vit avec ses parents dans une petite **maison**. Elle se situe à **proximité** de la ville. Sacha est **fils unique**. Il n'a pas de frère ni de sœur. Il a une **grande** chambre juste pour lui. Il n'a pas besoin de partager ses jouets.

maison = house
proximité = proximity
fils unique = only child
grande = large

Sacha va à l'école. Elle se trouve à un kilomètre de la maison. Ce qu'il préfère c'est la récréation. Il n'aime pas apprendre. Les **mathématiques**, c'est son point faible. Ce n'est pas un très bon élève. Mais il a beaucoup de **copains**. Il joue toujours avec ses copains après l'école. Le mercredi après-midi, il joue au **football** avec eux.

mathématiques = math
copains = friends
football = soccer

Maya, c'est l'animal de compagnie de Sacha. C'est un grand chien brun. C'est un berger allemand très **fidèle**. Sacha était bébé lorsque Maya est arrivée. Elle a rejoint la famille il y a 8 ans. Sacha considère Maya comme sa **meilleure amie**. Ils s'amusent beaucoup ensemble. Ils se promènent ensemble. Parfois, ils **dorment** ensemble.
fidèle = loyal
meilleure amie = best friend
dorment = sleep

Sacha ne sait pas ce qu'il ferait sans Maya. Il la protège comme si c'était sa petite sœur. Ils s'aiment très fort. Maya vit en **liberté** à la maison. Il n'y a pas de **clôture**. Elle s'échappe souvent pour **rejoindre** Sacha à l'école. Quand l'école est finie, elle rentre avec le petit garçon.

liberté = freedom
clôture = fence
rejoindre = join

Mais depuis quelques jours, Maya est bizarre. Elle n'a pas l'air d'être en forme. Elle est fatiguée. Elle n'a plus vraiment envie de jouer. Son regard est triste. Elle mange moins qu'avant. Les parents de Sacha l'ont emmené chez le **vétérinaire**. Le vétérinaire n'a rien trouvé. Il pense que ce n'est **rien de grave**.

vétérinaire = veterinarian
rien de grave = nothing serious

Un matin d'hiver, Sacha va à l'école. Il y va à pied avec sa maman. Comme d'habitude. Il travaille et attend la **récréation** avec impatience. À 16h, la **sonnerie** retentit. C'est la fin de la journée d'école. Les enfants peuvent rentrer à la maison. Sacha **quitte la salle** de classe. Il va retrouver Maya devant l'école. Elle est toujours là d'habitude. Mais pas aujourd'hui.

récréation = break time
la sonnerie = the bell
quitte la salle = leave the room

Sacha **attend devant** l'école. Il se dit que Maya va arriver bientôt. Cinq minutes passent. Puis dix. Une demi-heure… Aucune nouvelle de Maya. Sacha est inquiet. Il retourne dans la salle de classe. Il va voir son professeur. Le professeur dit à Sacha de ne pas s'inquiéter. Il ramène le petit garçon chez lui. Le chien l'attend peut-être à la maison.

attend = waits
devant = in front of

Sacha est rentré chez lui. Il fait le tour de la maison. Maya n'est pas là. Il va demander à sa maman. Elle ne l'a pas vu non plus. **C'est étrange**. Ce n'est encore jamais **arrivé**. Qu'est-il arrivé au chien ? Maya est-elle partie de la maison ? Est-elle en danger ? Les questions sont nombreuses.

C'est = it's
étrange = strange
arrivé = happened

Martine est la maman de Sacha. Elle est **inquiète** pour Maya. Elle sait que Sacha est très **attaché** à son chien. Le jeune garçon tourne en rond. Il ne sait plus quoi faire. Martine décide d'imprimer des affiches. Ils iront les coller ensemble dans la ville. Peut-être que quelqu'un a aperçu le chien perdu.

inquiète = worried
attaché = attached

Les **affiches** sont **prêtes**. Il y a une photo de Maya et un **numéro** de téléphone. Si quelqu'un voit le chien, il téléphonera à la maman de Sacha. Sacha a beaucoup d'espoir. Il pense que les affiches vont fonctionner. Beaucoup de chiens ont déjà été retrouvés ainsi.

Les affiches = posters
prêtes = ready
numéro = number

Les affiches sont **collées** dans la **ville**. Pour l'instant, personne n'a téléphoné. Le chien semble **introuvable**. Sacha a appelé tous ses copains. Ensemble, ils font le tour de la ville en vélo pour retrouver Maya. Les parents de Sacha aussi, sont à la recherche du chien. C'est un membre de la famille. Ils ne peuvent pas la laisser tomber.

collées = stuck
ville = city
introuvable = untraceable

Le soir, Sacha et ses parents **se retrouvent** à la maison. Les visages sont **tristes**. Ils sont très **fatigués**. Personne n'a vu Maya. Ils décident d'arrêter les recherches pour aujourd'hui. Il fait nuit. Il n'y a pas de lumière. On ne voit rien. Ça ne sert à rien de chercher à cette heure-ci.
se retrouvent = come together

tristes = sad
fatigués = tired

Le **lendemain**, le téléphone sonne. C'est un **inconnu** qui pense avoir vu Maya. Il dit avoir **aperçu** un berger allemand brun ce matin. Il l'a récupéré chez lui. Sacha et Martine montent tout de suite dans la voiture. Ils se rendent chez l'homme qui a appelé. Ils veulent vite chercher Maya.

lendemain = next day
inconnu = stranger
aperçu = seen

Lorsqu'ils **arrivent** sur place, c'est la **déception**. L'homme a bien récupéré un chien. C'est bien un **berger allemand** brun. Mais ce n'est pas Maya. Maya est un peu plus petite. Elle porte un collier rose autour du cou. La déception est grande pour Sacha et sa maman.

arrivent = arrive
déception = disappointment

berger allemand = German shepherd

Deux semaines ont passé depuis la **disparition** de Maya. Nous sommes samedi matin. Le **week-end**, Sacha ne va pas à l'école. Ce matin, Sacha va faire les courses avec sa maman. Martine à l'habitude d'aller au **supermarché** de la ville. C'est à quelques minutes de la maison. Ils décident d'y aller à pied. Sacha en profite pour chercher Maya.

disparition = disappearance
week-end = weekend
supermarché = supermarket

Pas de **nouvelles**. Il se met à **pleurer**. Devant le supermarché, un **sans-abri** demande de l'argent. C'est un **pauvre** homme. Il s'appelle Roland. Il est là chaque jour dans le froid. Il n'a rien à manger. Martine sort une pièce de son porte-monnaie. Sacha l'apporte au sans-abri. Roland remercie le jeune garçon. Il lui demande pourquoi il pleure.

nouvelles = news
pleurer = cry
sans-abri = homeless person
pauvre = poor

Sacha lui **explique** l'**histoire** de Maya. Roland lui demande à quoi ressemble le chien. Le jeune garçon lui donne tous les **détails**. C'est un berger allemand brun. Il lui montre même l'affiche. Roland réfléchit un instant. Soudain, son regard s'illumine. Il demande à Sacha de le suivre.

explique = explains
histoire = story
détails = details

Sacha et Martine **suivent** le **sans-abri**. Il les emmène derrière le **supermarché**. Là, il y a un grand carton. Le carton semble bouger. Il y a un peu de bruit. Sacha s'approche. Il avance doucement.

Roland reste derrière. Soudain, Sacha crie très fort : "Maya ! C'est toi ! Tu m'as tellement manqué ! Maman, viens voir ce que j'ai trouvé !", dit-il.

suivent = follow
sans-abri = homeless person
supermarché = supermarket

Martine s'**approche** à son tour. Elle se penche au-dessus du **carton**. Elle voit Maya, couchée dans le carton. Autour du chien, il y a pleins de petits chiots. Les chiots ressemblent tellement à Maya. Martine n'y croit pas ses yeux. Maya attendait des bébés. C'est donc pour ça qu'elle n'était pas en forme...

approche = approaches
carton = cardboard box

Story 9 : A restaurant that rolls

Mon **nom** est Roger. Je suis un **homme** de 54 ans. Je vis dans le sud-est de la France. Ma maison se trouve à proximité de la frontière italienne. J'y vis avec ma femme et mes deux enfants. Ma femme s'appelle Monica. Elle est italienne. Mes fils s'appellent Andrea et Nino. Ils ont 21 et 24 ans.

nom = name
homme = man

Dans la vie, je suis cuisinier. Ce **métier** est avant tout ma passion. J'ai commencé à travailler à 16 ans. J'ai travaillé dans plusieurs restaurants. Au début, je faisais seulement la **vaisselle**. Ensuite, j'ai évolué. Je suis devenu chef de cuisine. J'étais responsable du menu. J'allais acheter les ingrédients. C'était une belle époque.

métier = profession
vaisselle = dishes

À l'âge de 34 ans, j'ai ouvert mon propre restaurant. Il s'agit d'une **crêperie**. C'est un restaurant qui prépare des crêpes. C'est une **spécialité** française que tout le monde adore. Les crêpes peuvent être **sucrées** ou salées. On peut les remplir avec des pommes, du jambon ou du saumon. Tout le monde aime mes crêpes.

crêperie = creperie
spécialité = specialty
sucrées = sweet

Mon restaurant fête ses 20 ans cette **année**. Je suis fier du **chemin** parcouru. Je travaille seul dans ma cuisine depuis le début. Ma femme s'occupe du service. Elle apporte les plats aux clients. Elle sert aussi les boissons. C'est un plaisir de travailler avec elle. Ensemble, c'est une affaire qui roule.

année = year
chemin = path

Mon fils Nino étudie encore. Il aimerait devenir **pâtissier**. Je lui ai transmis la passion de la cuisine. J'aurais voulu qu'il reprenne mon restaurant. C'est un restaurant **familial**. J'espérais qu'un de mes fils puisse le reprendre. Mais Nino préfère ouvrir une pâtisserie. Je respecte son choix.

pâtissier = pastry chef
familial = family

Mais depuis quelques mois, c'est la crise. Le restaurant a toujours été apprécié des **clients**. Certains venaient de loin pour **manger** mes crêpes. Mais aujourd'hui, il est presque vide. Il n'y a que **trois** ou quatres clients par jour. J'ai l'impression de travailler pour rien.

clients = clients
manger = eat
trois = three

Je ne comprends pas ce qu'il se passe. La **qualité** de mes **plats** n'a pas changé. Je mets de l'amour dans mes assiettes. Mes crêpes sont bonnes. Mes prix sont bas. Pourtant, mes clients ne viennent plus. Je ne gagne presque plus d'**argent**. En plus, le prix des ingrédients a augmenté.

qualité = quality
plats = dishes
argent = money

C'est très difficile à **vivre**. Ma femme et moi travaillons tous les jours. Nous sommes très **fatigués**. Nous avons tout donné pour ce restaurant. Nous ne voulons pas **abandonner**. Malheureusement, nous n'allons pas tenir longtemps. Nous n'avons plus de **salaire**. Les fins de mois sont difficiles.

vivre = live
fatigués = tired
abandonner = give up
salaire = salary

Nino et Andrea sont **tristes** de nous voir comme ça. Nous n'avons plus **goût** à rien. Monica est très **stressée**. Elle se rend malade. C'est à cause du restaurant. Le rêve de notre vie est devenu un cauchemar. Je ne sais pas quoi faire. Est-ce qu'on va s'en sortir ? Je n'en suis pas certain.

tristes = sad
goût = taste
stressée = stressed

Notre fils Andrea travaille dans l'**organisation** d'**événements**. Il est **responsable** marketing. Un jour, il me téléphone : "Papa, j'ai une idée. Je sais que le restaurant va mal. Vous ne pouvez pas continuer comme ça. Il faut absolument trouver une solution. Je peux peut-être vous aider.", dit-il.

organisation = organization
événements = events

responsable = responsible

Le **lendemain**, toute la famille se retrouve au restaurant. Monica et Nino sont assis à table avec moi. Andrea est **en retard**. Une heure plus tard, il entre dans la crêperie. Il s'excuse. Il a quitté le travail plus tard aujourd'hui. Mais il ne vient pas les **mains** vides. Il a apporté son ordinateur. Je suis impatient d'entendre sa proposition.

lendemain = tomorrow
en retard = late
mains = hands

Andrea allume son **ordinateur**. Il ouvre un fichier avec des photos. Elles montrent les événements qu'il organise. Son entreprise organise des fêtes d'**entreprise** et des mariages. Il y a un point commun à toutes ces images. Sur chaque photo, on peut voir un camion. C'est un petit camion rose avec un comptoir. Il fabrique et vend des glaces.

ordinateur = computer
entreprise = company

Je me demande où il veut en venir. Monica comprend tout de suite. L'avenir du restaurant se trouve peut-être ici. Dans un camion. Andrea explique le **projet**. Son entreprise cherche de nouveaux food-trucks pour ses événements. Une crêperie sur roues serait le food-truck **parfait**.

projet = project
parfait = perfect

J'ai besoin de temps pour **réfléchir**. Je ne donne pas ma réponse tout de suite. J'ai tellement investi dans mon restaurant. Je ne veux pas l'abandonner. En même temps, ne rien faire n'est pas la **solution**. Je ne sais pas quoi en penser. Monica finit par me **convaincre**. Nous n'avons plus rien à perdre. Ma crêperie mérite une deuxième vie.

réfléchir = think
solution = solution
convaincre = convince

Plus de **temps** à perdre. C'est **décidé**. J'échange mon restaurant contre un food-truck. Je vais continuer à faire des crêpes. L'âme de ma crêperie reste la même. Son histoire évolue.

temps = time
décidé = decided

Six mois plus tard, je reçois enfin mon nouveau camion. Nino et Andrea m'aident à le **peindre**. On le peint en bleu en **souvenir** du restaurant. Les tables du restaurant étaient bleues. Il ne reste plus qu'à donner un nom à notre food-truck. C'est décidé. Il s'appelle "La crêperie qui roule".

peindre = paint
souvenir = memory

L'**aventure** commence maintenant. Notre **premier événement** a lieu aujourd'hui. C'est une fête d'entreprise. Nous serons présents toute la journée. Je suis très **stressé**. Nous n'avons pas le droit à l'échec. Sinon, nous serons ruinés. J'ai investi tellement de temps. J'ai peur. Ma femme et mes fils me rassurent.

aventure = adventure
premier = first
événement = event
stressé = stressed

Nous sommes **prêts**. Je prépare les crêpes. Ma femme s'occupe de la **caisse**. Nino sert les clients. Andrea a fait de la **publicité** sur les réseaux sociaux. La file d'attente s'allonge de plus en plus. Les clients sont nombreux. Ils semblent apprécier le concept. La journée est un véritable succès.

prêts = ready
caisse = cash register
publicité = advertisement

Les événements s'enchaînent. Le succès est toujours au **rendez-vous**. Ce food-truck nous a **sauvé**. Parfois dans la vie, il suffit de se lancer. C'est devenu une **affaire** de famille. Je peux enfin travailler avec ma femme et mes deux fils. Je n'aurais pas pu **rêver** mieux. Aujourd'hui, c'est une affaire qui roule.

rendez-vous = appointment
sauvé = saved
affaire = business
rêver = dream

Story 10 : When love comes from the sky

Hervé est un homme de 60 ans. Il vit seul dans un appartement. Il est à la **retraite**. C'est un ancien militaire. Cela fait plusieurs années qu'il est retraité de l'armée. Pour s'occuper, il fait du sport. Hervé a toujours été un grand **sportif**. Il court encore des marathons tous les deux ans. Il a participé au marathon de Paris l'an dernier.

retraite = retirement
sportif = athlete

Hervé n'est pas marié. Il n'a pas de **compagne**. Il n'a jamais eu de relation **sérieuse**. Il n'est jamais tombé **amoureux**. Il aurait aimé connaître l'amour. Malheureusement, ce n'est jamais arrivé. Il n'aura jamais d'enfants ni de petits-enfants. C'est la vie. Il l'accepte.

compagne = partner
sérieuse = serious
amoureux = in love

Cette situation rend sa mère triste. Elle s'appelle Thérèse. C'est la seule famille de Hervé. Il n'a plus qu'elle dans sa vie. Thérèse est très âgée. Elle a 91 ans. C'est un très bel âge. Elle a vécu en bonne **santé** toute sa vie. Mais depuis quelques jours, elle se sent mal. Elle a de fortes douleurs au **ventre**. Elle craint le **pire**. Elle a peur de laisser son fils seul.

santé = health
ventre = stomach
pire = worst

Il faut en avoir le **cœur** net. Hervé emmène Thérèse chez le **médecin**. Elle doit passer des **examens** médicaux. Ces tests permettent d'évaluer sa santé. Les résultats seront envoyés par courrier. Ils arriveront dans quelques jours.

cœur = heart
médecin = doctor
examens = exams

Thérèse surveille sa boîte aux lettres tous les jours. Hervé est très **stressé**. Il ne peut plus attendre. À midi, il rend visite à sa mère. Le

facteur vient de passer. Thérèse ouvre sa **boîte** aux lettres. Le courrier du médecin est arrivé.

stressé = stressed
facteur = mail carrier
boîte = mailbox

La **mauvaise** nouvelle tombe. Thérèse est gravement malade. Elle est atteinte d'un cancer. Ses **jours** sont comptés. Elle doit aller à l'**hôpital**. Elle ne rentrera probablement jamais à la maison. Thérèse a vécu une belle vie. Elle n'a pas peur de mourir. Elle ne veut juste pas souffrir.

mauvaise = bad
jours = days
hôpital = hospital

Cela fait **une semaine** que Thérèse est à l'hôpital. Hervé vient lui rendre visite chaque jour. Parfois, il vient **deux fois** par jour. Il discute beaucoup avec sa mère. Leur relation est encore plus forte. Mais Thérèse est **à bout de forces**. Elle n'en peut plus. Hervé le sait. La fin est proche. Ils profitent de leurs derniers moments ensemble. Ils ne sont pas tristes.

une semaine = one week
deux fois = twice
à bout de forces = out of strength

Thérèse ne peut presque plus **parler**. Elle veut encore dire quelque chose à son **fils**. Une dernière chose. Elle tend sa main à Hervé. Il l'attrape et la tient contre lui. Thérèse **chuchote** :

parler = talk
fils = son
chuchote = whisper

"Mon fils. Je veux que tu sois **heureux**. C'est le plus **important**. Je te souhaite enfin de rencontrer la femme de ta vie. Tu le

mérites. Je te demande une dernière chose. Si tu as le temps, dépose des fleurs sur ma tombe. Tu sais que j'aime les fleurs.", dit-elle.

heureux = happy
important = important
mérites = deserve

Sur ces mots, Thérèse **ferme** les yeux. Elle s'endort pour l'éternité. Hervé verse une larme. Il est triste. Mais il est heureux d'avoir été là pour son dernier **souffle**. Hervé rentre chez lui. Il est seul dans son appartement. Demain, il ira acheter des **fleurs**. Il lui en a fait la promesse.

ferme = close
souffle = breath
fleurs = flowers

Il pleut ce matin. Hervé s'est réveillé tôt aujourd'hui. Il n'a qu'une chose en tête. Il veut **acheter** des fleurs pour sa maman. Il lui a promis. Il s'habille rapidement. Il enfile sa veste et met son chapeau sur la tête. Il prend son **parapluie** et quitte l'appartement.

Il pleut = It's raining
acheter = buy
parapluie = umbrella

Hervé se dirige vers un **fleuriste**. C'est une boutique qui vend des fleurs. Des larmes coulent sur ses **joues**. On ne les voit pas car il pleut. Tout est gris dehors. Tout est gris dans sa tête aussi. Jusqu'au moment où il franchit **la porte** du fleuriste. Il n'est encore jamais venu ici.

fleuriste = florist
joues = cheeks
la porte = the door

Lorsqu'il entre dans la **boutique**, tout change. Il se sent bien. On ne ressent plus la pluie. Il y a des couleurs partout. **Un rayon de soleil** éblouit Hervé. Ce rayon de soleil, c'est une femme. Cette femme se trouve au fond de la boutique. Elle fait des **bouquets** de fleurs. C'est la fleuriste.

boutique = store
un rayon de soleil = a ray of sunshine
bouquets = bouquets

Hervé **retrouve** le sourire. Il devient presque timide. Il achète un bouquet de fleurs. Il ressort vite de la boutique. **Cette femme** l'a perturbé. Ensuite, il va voir la tombe de sa mère. Il lui dépose le bouquet de fleurs. Il lève la tête. Il voit un **arc-en-ciel** très coloré. Il le sait : ce signe du ciel vient de sa mère.

retrouve = find again
cette femme = this woman
arc-en-ciel = rainbow

Le lendemain matin, Hervé se réveille avec le sourire. Il veut acheter un bouquet de fleurs pour sa mère. Un **deuxième**, pour rajouter des couleurs sur sa tombe. Il retourne chez le fleuriste. Elle est toujours aussi **rayonnante**. Hervé est toujours aussi perturbé.

Le lendemain = The next day
deuxième = second
rayonnante = radiant

Hervé retourne chez la **fleuriste** tous les jours. Cela dure une semaine. Puis deux. Chaque jour, il achète un bouquet pour **sa mère**. S'il pouvait, il lui offrirait toutes les fleurs du monde. Il sait qu'elle adorait les fleurs. Il veut lui faire **plaisir** avec ce joli cadeau.

fleuriste = florist
sa mère = his mother
plaisir = pleasure

Les jours passent. Hervé a commencé à **discuter** avec la fleuriste. Il sait qu'elle s'appelle Estelle. Il lui a raconté son histoire. Elle lui a raconté la sienne. Estelle est une femme de 53 ans. Elle a perdu **son mari** dans un accident de voiture. C'était il y a dix ans. Elle n'a jamais refait sa vie.

Les jours = The days
discuter = discuss
son mari = her husband

Un mois est passé. Hervé continue à acheter des fleurs pour sa mère. Tous les jours. Il est toujours **heureux** de voir Estelle, la fleuriste. Mais quelque chose a changé. Ils ne se voient plus seulement à la boutique. Petit à petit, un lien fort apparaît entre eux. Ce sont deux **âmes** seules qui se rencontrent.

Un mois = One month
heureux = happy
âmes = souls

Une **année** est passée. Hervé pense toujours fort à Thérèse. Il achète toujours des fleurs. Mais ce n'est plus pour sa mère. Désormais, il offre les plus **belles** fleurs à Estelle. Thérèse serait tellement fière de lui. Il le sait. Il en est **convaincu** : c'est grâce à elle qu'il a rencontré la femme de sa vie.

année = year
belles = beautiful
convaincu = convinced

Story 11 : An unexpected event

Je m'appelle Sophie et j'ai 26 ans. Je suis **étudiante** en médecine et je vis seule dans un **petit** appartement en ville. Aujourd'hui, on est samedi et je suis invitée à une soirée organisée par mes amis **d'université**. Je suis très excitée à l'idée de m'amuser et de passer du temps avec eux.

étudiante = student
petit = small
université = university

Je me lève tôt ce **matin** pour me préparer. Je prends une **douche** rapide, me sèche les cheveux et me maquille légèrement. Je choisis une jolie robe rouge que j'ai achetée l'année dernière et que je n'ai pas encore eu l'occasion de porter. Je me regarde dans le **miroir** et je suis satisfaite de ce que je vois. Je suis prête à passer une belle soirée.

matin = morning
douche = shower
miroir = mirror

Je quitte mon appartement et descends les escaliers pour sortir de mon immeuble. Il fait un temps magnifique dehors, le soleil **brille** et il y a peu de **nuages** dans le ciel.

Je quitte = I leave
brille = shine
nuages = clouds

Je décide de **marcher** jusqu'à la **soirée** plutôt que de prendre les transports en commun, cela me permettra de profiter de la belle journée. Je marche pendant environ vingt **minutes** avant d'arriver à destination.

marcher = walk
soirée = party
minutes = minutes

La **maison** où se déroule la soirée est située dans un quartier résidentiel calme et verdoyant. Je sonne à la porte et attends quelques secondes avant que **quelqu'un** vienne m'ouvrir. C'est mon amie Margot, qui m'accueille avec un grand sourire. "Salut

Sophie ! Je suis **contente** que tu sois venue ! Entre, il y a déjà pas mal de monde ici." Je la remercie et j'entre dans la maison.

maison = house
quelqu'un = someone
contente = happy

Je suis immédiatement frappée par la **musique** et les rires qui résonnent dans tous les sens. Je suis accueillie par de nombreux **visages** connus et je me sens tout de suite à l'aise. Je me dirige vers le salon où se trouve un **bar** improvisé et je commande une boisson.

musique = music
visages = faces
bar = bar

Je passe la **soirée** à discuter, danser et rire avec mes amis. Le temps passe très vite et avant que je m'en rende compte, il est déjà **tard**. Je commence à être un peu fatiguée et je décide de rentrer chez moi. Je dis au revoir à tout le monde et je quitte **la maison** en me promettant de recommencer une soirée comme celle-ci bientôt.

soirée = evening
tard = late
la maison = home

Je marche de nouveau jusqu'à mon appartement, **profitant** de la fraîcheur de la **nuit** et des lumières de la ville. Je suis en train de marcher tranquillement lorsque j'entends quelqu'un m'appeler. Je me retourne et je vois mon **ami** Thomas qui court vers moi.

profitant = enjoying
nuit = night
ami = friend

- Marie, attends ! Tu vas où comme ça ?
- Je **rentre** chez moi, j'ai passé une très belle soirée, mais je suis un peu **fatiguée**.

- Tu veux que je te raccompagne ? J'allais justement **rentrer** moi aussi.

Je rentre = I'm going home
fatiguée = tired
rentrer = go home

Je réfléchis quelques **secondes** avant de lui répondre. Thomas est un ami de longue date et je sais qu'il ne me ferait jamais de mal. Mais j'ai l'habitude de rentrer seule la nuit. Qui plus est, ça l'obligerait à faire **un détour**.

Je réfléchis = I think
secondes = seconds
un détour = a détour

- Non merci, ça ira. Je te remercie de l'**offre**, mais je préfère rentrer seule.
- D'accord, comme tu veux. Mais fais attention à toi, il y a beaucoup de monde dans **les rues** ce soir.
- Je sais, ne t'inquiète pas. Je suis une **grande** fille, je sais me débrouiller.

offre = offer
les rues = the streets
grande = great

Je lui adresse un **sourire** rassurant et je continue mon chemin. Thomas me salue et reprend le sien. Je marche encore quelques **minutes** avant de sentir une présence derrière moi. Je me retourne et je vois deux hommes qui me suivent de près. Ils ont l'air **menaçant** et je sens mon cœur s'accélérer.

sourire = smile
minutes = minutes
menaçant = threatening

Je ne sais pas quoi faire. Je ne veux pas **courir**, je sais que cela pourrait les **inciter** à me poursuivre. Mais je ne veux pas non plus m'arrêter et leur parler. Je ne sais pas ce qu'ils veulent. Je décide de continuer à marcher d'un pas rapide tout en essayant de rester **calme**.

courir = run
inciter = encourage
calme = calm

Arrivée devant mon **immeuble**, j'entends les deux hommes se **rapprocher** et je panique. Je finis par trouver la bonne clé et je la tourne dans la serrure aussi vite que je peux. La porte s'ouvre et je m'engouffre à l'intérieur, **verrouillant** derrière moi.

immeuble = building
rapprocher = bringing closer
verrouillant = locking

Je suis enfin en **sécurité**. Je me laisse glisser le long de la porte, le **souffle** court et le cœur battant. Je reste un moment assise par terre, essayant de reprendre mon souffle. Je suis encore sous le choc de ce qui vient de **se passer**.

sécurité = safety
souffle = blow
se passer = to happen

Je finis par me **lever** et je vais me coucher. Je suis épuisée et j'ai besoin de dormir pour oublier cette **mauvaise** expérience. Je me glisse sous les couvertures et je ferme les yeux, espérant trouver rapidement le **sommeil**.

lever = lift
mauvaise = bad
sommeil = sleep

Le lendemain matin, je me réveille **tôt**, encore perturbée par ce qui s'est passé la veille. Je décide de ne pas aller étudier à la

bibliothèque et de prendre une journée de repos. Je passe la journée à regarder des films et à lire, essayant de me **détendre** et de ne pas trop y penser.

tôt = early
bibliothèque = library
détendre = relax

Le soir, je reçois **un coup de téléphone** de Thomas, qui s'inquiète de ne pas m'avoir vue aujourd'hui. Je lui explique ce qui s'est passé et il est choqué. Il me propose de venir passer **la soirée** chez lui pour me changer les idées. Je décide de l'**accepter** et je prends le bus pour me rendre chez lui.

un coup de téléphone = a phone call
la soirée = the evening
accepter = accept

Je passe une **agréable** soirée en sa compagnie et je me sens beaucoup **mieux**. Je suis heureuse de pouvoir compter sur lui et sur mes autres amis pour me soutenir dans les moments **difficiles**.

agréable = nice
mieux = better
difficiles = difficult

Je suis déterminée à ne pas laisser cette expérience **négative** gâcher ma vie et à continuer à vivre normalement. Le lendemain, je retourne en cours et je reprends ma **routine**. Je fais attention à mes arrières, mais je ne laisse pas la **peur** me dominer.

négative = negative
routine = routine
peur = fear

Story 12 : The Haunted Mansion

Marie est une **jeune** femme de 25 ans et vit dans un petit village au Nord de la France. On dit d'elle que c'est une personne **curieuse**, **souriante** et avec un grand cœur. Toujours prête à tendre la main à ceux qui en ont besoin.

jeune = young
curieuse = curious
souriante = smiling

Orpheline, Marie a été élevée par sa grand-mère et a été obligée de travailler très tôt pour subvenir à ses **besoins**. Bien qu'elle est heureuse et qu'elle mène une vie simple et paisible, **Marie s'ennuie** et rêve de découvrir le monde.

Orpheline = Orphan
besoins = needs
Marie s'ennuie = Mary is bored

Un jour, alors qu'elle **prépare** le repas du soir en compagnie de son **chat** Norbert, Marie reçoit une lettre inattendue d'une vieille tante éloignée, Elisabeth. Il s'agit de la sœur de sa **grand-mère**, qu'elle n'avait pas vue depuis des années.

prépare = prepare
chat = cat
grand-mère = grandmother

Dans **la lettre**, sa tante l'invite à venir séjourner avec elle dans son grand manoir dans le sud de la France. Marie est d'abord **surprise** puis hésitante à l'idée de renouer le lien avec sa tante. Mais elle se dit que ça pourrait être une occasion pour elle de sortir de sa **zone de confort**. Elle qui rêve d'aventures et d'évasions !

la lettre = the letter
surprise = surprise
zone de confort = comfort zone

Elle décide donc de prendre le risque et d'accepter l'invitation. Elle n'a rien à perdre après tout. C'est ainsi que Marie part pour le **manoir** de sa **tante** à bord de sa minuscule voiture.

Elle décide = She decides
manoir = manor
tante = aunt

La jeune femme emporte avec elle un maximum de **valises** et la voiture est pleine à craquer. Son chat Norbert est allongé sur le siège arrière, il dort déjà et Marie peut l'entendre **ronronner**. L'excitation est à son comble.

valises = suitcases
ronronner = purr

Marie se gare devant le manoir six heures plus tard. Devant elle, se trouve une immense maison en pierre sur trois étages. **Le jardin** est gigantesque lui aussi et mesure plusieurs hectares. En son centre, se trouve un petit **étang** mal entretenu.

Marie se gare = Mary parks
Le jardin = The garden
étang = pond

La jeune femme est ensuite accueillie par le **majordome** de sa tante, un homme d'une **quarantaine** d'années qui s'appelle Jean.

- Bonjour Marie. Elisabeth vous attend dans le salon, suivez-moi.
- Bonjour. Très bien, merci.
- Vous avez fait bon voyage ? Lui demande-t-il, pour être poli.
- Oui, **la route** était dégagée, j'ai réussi à éviter les embouteillages.

majordome = butler

quarantaine = quarantine
la route = the road

Jean la mène d'abord à sa **chambre**, située au premier étage. La pièce est spacieuse bien qu'un peu sombre. La jeune femme **dépose** ses valises et Jean l'a guide ensuite jusqu'au salon pour rencontrer Elisabeth.

- Marie, comme je suis **contente** de te voir.

sa chambre = his room
dépose = deposits
contente = happy

La **vieille** femme la prend dans ses bras et lui embrasse les deux joues avant de l'inviter à s'assoir sur **le grand canapé** en velours.

- Moi aussi ma tante, merci pour l'invitation. Ça me fait vraiment plaisir de te retrouver. On a beaucoup de choses à se dire toi et moi.
- Oui, on a des années à **rattraper**.

vieille = old
le grand canapé = the big sofa
rattraper = catch up

Marie passe **ensuite** les premiers jours à **explorer** le manoir et à apprendre à connaître sa tante. Elle découvre vite que c'est une femme d'affaires riche et accomplie. Veuve depuis bientôt vingt ans, elle a géré l'**entreprise** familiale d'une main de maître.

ensuite = then
explorer = explore
entreprise = company

La jeune femme se sent bien ici, mais très vite elle commence à remarquer des **événements étranges** autour du manoir. Des portes s'ouvrent et se **ferment** toutes seules. Elle entend même des pas et des **chuchotements** dans les couloirs vides la nuit.

événements étranges = strange events
ferment = closing
chuchotements = whispers

Elle se demande alors si c'est simplement son **imagination** ou si quelque chose de plus **sombre** se cache derrière ces phénomènes étranges.

imagination = imagination
sombre = dark

Un soir, Marie décide de poser des **questions** à sa tante sur ces événements étranges. À sa surprise, sa tante lui révèle que le **manoir** est hanté par le **fantôme** de son arrière-grand-père, qui avait été accusé à tort et exécuté pour un crime qu'il n'avait pas commis.

questions = questions
manoir = mansion
fantôme = ghost

On l'avait accusé d'avoir tué son **petit-fils**, mort noyé dans l'étang du jardin. Sa tante lui **explique** ensuite que le fantôme est resté attaché à ce monde depuis des années, cherchant à prouver son **innocence**.

petit-fils = grandson
explique = explains
innocence = innocence

Elle lui dit **également** que de nombreux membres de la famille ont essayé de l'aider à trouver **la paix**, mais que personne n'avait réussi **jusque-là**.

également = also
la paix = peace

jusque-là = until then

Marie est d'abord choquée par cette **révélation**, mais une force intérieure la pousse à **aider** le fantôme de son arrière-grand-père. Elle décide donc de mener sa propre **enquête** pour essayer de découvrir la vérité sur le crime qui avait coûté la vie à son ancêtre.

révélation = revelation
aider = help
enquête = investigation

Marie est déterminée à ne pas laisser **tomber**. Elle commence par **fouiller** les archives de la famille à la recherche de **documents** pertinents qui pourraient l'aider dans sa quête.

tomber = fall
fouiller = search
documents = documents

Elle passe ainsi des jours à **parcourir** des dizaines de pages poussiéreuses et à **prendre des notes** sur ce qu'elle découvre. Elle se rend également dans les bibliothèques et les archives publiques de la région pour essayer de trouver des informations sur **le crime** et sur les circonstances de la mort de son ancêtre.
parcourir = browse
prendre des notes = takes notes
le crime = the crime

Ensuite, Marie se met à **interroger** des témoins qui étaient présents lors de l'arrestation et du procès de son arrière-grand-père. Ils sont peu nombreux, beaucoup sont morts depuis. Il faut dire que c'était il y a plus de **cinquante** ans.

Ensuite = Then
interroger = ask
cinquante = fifty

Elle passe des heures à **discuter** avec eux, à les **écouter** attentivement et à poser des questions pour essayer de trouver des **indices** qui pourraient l'aider à élucider le mystère.

discuter = discuss
écouter = listen
indices = hints

Malgré les difficultés et les obstacles qu'elle rencontre, Marie ne se laisse pas **décourager**. Elle continue à travailler dur chaque jour et sait que chaque nouvelle piste qu'elle explore la rapproche un peu plus de la **vérité**.

Malgré = Despite
décourager = to discourage
vérité = truth

Finalement, après des semaines de recherche acharnée, Marie découvre **une lettre** chez les voisins.

- Attendez un peu, j'ai quelque chose qui peut vous intéresser. Dit la voisine, avant d'aller chercher quelque chose dans l'**armoire** de la salle à manger.
- Qu'est-ce-que-c'est ? Demande Marie.
- Ouvrez, vous allez voir.

Finalement = Finally
une lettre = a letter
armoire = cupboard

En lisant les premières lignes, Marie découvre que **l'enfant** mort noyé dans l'étang avait échappé à la **surveillance** de sa nounou. Celle-ci, dans la panique, avait accusé le vieil homme afin d'échapper à **la justice**. Elle avait finalement tout avoué dans une lettre juste avant de mourir.

l'enfant = the child
surveillance = supervision
la justice = justice

Après avoir découvert **la vérité**, Marie remet la lettre **aux autorités**, qui vont pouvoir **innocenter** le nom de son arrière-grand-père. Il était innocent. Cinquante ans après, le fantôme peut enfin reposer en paix et quitter le manoir.

la vérité = the truth
aux autorités = to the authorities
innocenter = to acquit

Une fois **son devoir** accompli, Marie rentre chez elle et **promet** à sa tante de revenir la voir très bientôt. Elle a **une famille** maintenant et qui sait, peut-être que d'autres aventures l'attendent. En attendant, elle reprend la route avec Norbert, toujours sur le siège arrière.

son devoir = her duty
promet = promises
une famille = a family

Story 13 : A new life

Paul était assis sur **le banc** de la gare, le regard perdu dans le vide. Il venait de prendre la décision difficile de **quitter** sa ville natale et de tout **recommencer** ailleurs.

le banc = the bench
quitter = leave
recommencer = start again

Depuis quelque temps, il se sentait **prisonnier** de sa vie, de son travail ennuyeux et de sa routine quotidienne. Il avait besoin de **changement**, de nouveaux horizons. Alors il a décidé de saisir sa chance et de tout quitter. Il avait acheté son **billet de train** et il n'attendait plus que le départ.

prisonnier = prisoner

changement = change
billet de train = train ticket

Il regarda **sa montre** et constata avec surprise qu'il lui restait encore une demi-heure à attendre. Il sort son téléphone de sa poche et fait **défiler** ses messages. Sa meilleure amie lui a envoyé un long texte pour lui dire au revoir et lui souhaiter **bonne chance**.

sa montre = his watch
défiler = to parade
bonne chance = good luck

Paul se sent ému et a un **pincement** au cœur en pensant à tout ce qu'il laisse derrière lui. Il espère **sincèrement** que cette décision serait **la bonne** et qu'elle lui apporterait tout ce qu'il attendait d'elle.

pincement = pinch
sincèrement = sincerely
la bonne = the right

Dans **le train**, Paul s'est installé dans un compartiment vide. Il sort **son livre de poche** et se plonge dans sa lecture. Il est tellement absorbé par l'histoire qu'il ne remarque pas tout de suite l'homme qui est entré dans le compartiment et s'est assis en face de lui. C'est lorsqu'il tousse pour **attirer son attention** que Paul lève les yeux.

le train = the train
son livre de poche = his pocket book
attirer son attention = get his attention

L'homme a l'air **sympathique** et Paul se dit qu'il pourrait être agréable de passer le voyage en sa compagnie. Ils se présentent et Paul apprend que l'homme s'appelle Pierre. Il a une quarantaine d'années et travaille comme **avocat** dans une grande ville. Il voyage pour affaires et décide de prendre le train pour se **détendre** un peu.

sympathique = sympathetic
avocat = lawyer
détendre = relax

Paul et Pierre discutent de tout et de rien pendant **le reste du voyage**. Paul se surprend à parler de sa vie, de ses espoirs et de ses craintes. Il a l'impression de pouvoir se **confier** à cet inconnu de manière naturelle. Pierre l'écoute avec attention et lui donne de précieux conseils. Paul se sent **soudain** beaucoup moins seul.

le reste du voyage = the rest of the journey
confier = trust
soudain = suddenly

Au fil de la conversation, Paul apprend que Pierre a connu des moments difficiles dans sa vie. Il lui raconte son **divorce** difficile et sa lutte pour s'en sortir. Paul est touché par son histoire et admiratif de sa force et de sa détermination. Pierre lui dit qu'il a cru au départ que tout était fini pour lui, mais qu'il avait finalement réussi à **se relever** et à recommencer une nouvelle vie.

Au fil de la conversation = In the course of the conversation
divorce = divorce
se relever = get up

Paul se sent **encouragé** par les paroles de Pierre et commence à voir les choses sous un autre angle. Il réalise qu'il a peut-être pris la bonne **décision** en quittant tout ce qu'il connaissait et en partant à **l'aventure**. Il se dit qu'il a lui aussi le potentiel de recommencer et de réussir sa vie.

encouragé = encouraged
décision = decision
l'aventure = adventure

Lorsque le train arrive **en gare**, Paul et Pierre se serrent la main avant de se quitter. Paul est reconnaissant envers cet inconnu qui lui a offert une agréable compagnie et lui a redonné **confiance en lui**. Il se sent prêt à affronter les défis qui l'attendent dans sa nouvelle ville. Il prend son sac et descend du train, **le sourire aux lèvres**.

en gare = in the station
confiance en lui = confidence in himself
le sourire aux lèvres = the smile on his face

Il regarde autour de lui et respire à pleins poumons l'air frais de cette nouvelle destination. Il a l'impression d'avoir toutes les possibilités devant lui et il est déterminé à en profiter pleinement. Il se dit qu'il n'a plus aucune raison de **regarder en arrière**. Il doit se concentrer sur l'avenir qui s'ouvre à lui. Il prend une grande **inspiration** et se dirige vers sa nouvelle vie.

Il regarde = He looks
regarder en arrière = looking back
inspiration = inspiration

Story 14 : A successful Youtuber

Thomas est assis devant son **ordinateur**, son cœur **bat la chamade**. C'est le jour où il allait enfin lancer sa chaîne YouTube. Il a travaillé dur pour arriver à ce moment et il espère de tout son cœur que ses vidéos vont **plaire** à son public.

ordinateur = computer
bat la chamade = beats the hell out of it
plaire = please

Il a commencé à créer des vidéos pour **s'amuser**, mais petit à petit, cela est devenu une **passion** pour lui. Il adore partager ses passions et ses centres d'intérêt avec les gens et il a l'impression que YouTube est le moyen idéal pour le faire. Il décide donc de se lancer à temps plein dans cette aventure et de créer sa propre **chaîne** YouTube.

s'amuser = have fun
passion = passion
chaîne = channel

Il travaille sans relâche pour **améliorer** la qualité de ses vidéos et pour trouver le ton qui lui convient. Il passe des heures à **réfléchir** à sa stratégie de contenu et à s'assurer qu'il offre quelque chose de différent et de pertinent pour son public. Et enfin, après des semaines de planifications, le jour tant attendu **arrive**.

améliorer = to improve
réfléchir = to think
arrive = arrive

Il clique sur "**publier**" et la première vidéo de sa chaîne est mise en ligne. Il espère de tout son cœur que cela marche et qu'il arrivera à **se faire un nom** sur YouTube. Il a tellement travaillé dur pour en arriver là et il espère que cela en vaut la peine.

publier = publish
se faire un nom = make a name for yourself

Malheureusement, les choses ne se passent pas comme Thomas l'avait prévu. Ses vidéos ne décollent pas et il ne parvient pas à attirer un grand nombre d'**abonnés**. Il se décourage rapidement et commence à **douter** de lui.

Malheureusement = Unfortunately
abonnés = subscribers
douter = doubt

Il se demande s'il est vraiment fait pour être un youtuber et s'il est **capable** de réussir dans ce **domaine**. Il se sent seul et découragé face à l'échec de ses vidéos. Il a l'impression de se battre contre des moulins à vent et de ne pas arriver à se faire **entendre**.

capable = able
domaine = field
entendre = hear

Il commence à se poser des **questions** sur sa stratégie et sur ce qu'il fait de travers. Il passe des heures à analyser les données de sa chaîne et à essayer de **comprendre** pourquoi ses vidéos ne prennent pas. Il se sent **découragé** et perdu.

questions = questions
comprendre = understand
découragé = discouraged

Malgré tout, Thomas ne veut pas **abandonner**. Il sait que le succès ne vient pas du jour au **lendemain** et qu'il doit travailler dur pour y arriver. Il décide de continuer à **publier** régulièrement des vidéos et de ne pas se décourager.

abandonner = give up
lendemain = next day
publier = publish

Il se dit qu'il doit être **patient** et que les choses finiront par s'arranger. Il travaille encore plus dur et passe encore plus de temps à réfléchir à sa stratégie de contenu. Il fait des recherches sur les **tendances populaires** et essaie de s'adapter à elles.

patient = patient
tendances populaires = popular trends

Et finalement, après de nombreuses années de travail acharné, sa chaîne commence à **prendre de l'ampleur**. Ses vidéos font le buzz sur **les réseaux sociaux** et il commence à attirer de nombreux abonnés. Il est enfin en train de réaliser son rêve.

prendre de l'ampleur = grow
les réseaux sociaux = social networks

Il est tellement **heureux** de voir que ses efforts finissent par porter fruit et que son public est en train de grandir. Il reçoit également de nombreux messages de **soutien** et d'encouragement de la part de ses abonnés, ce qui lui redonne encore plus de **motivation**.

heureux = happy
soutien = support
motivation = motivation

Il est plus motivé que jamais à continuer à **créer du contenu** de qualité et à **partager** sa passion avec son public. Il travaille encore plus dur et passe encore plus de temps à perfectionner sa chaîne. Il sait que **le chemin** vers le succès est encore long, mais il est déterminé à continuer.

créer du contenu = create content
partager = share
le chemin = the way

*** *Quelques années plus tard* ***
*** *A few years later* ***

Thomas est assis devant son ordinateur, **incrédule**. Il reçoit une notification lui indiquant qu'il vient d'atteindre **le million** d'abonnés sur sa chaîne YouTube. C'est un moment qu'il attend depuis de nombreuses années.

incrédule = unbelieving
le million = the million
il attend = he is waiting

Il a travaillé dur pour arriver à **ce stade** et il est enfin récompensé de ses efforts. Il se lève de **son fauteuil** et saute de joie. C'est le moment qu'il attend depuis toujours et il est si **heureux** d'avoir réussi.

ce stade = this stage
son fauteuil = his chair
heureux = happy

Il décide de **célébrer** cet événement en publiant une vidéo **spéciale** pour remercier ses abonnés et partager avec eux son bonheur. Il est plus motivé que jamais à continuer à créer du contenu de qualité et à partager sa passion avec son public. Il est enfin arrivé **au sommet** et il est déterminé à y rester.

célébrer = celebrate
spéciale = special
au sommet = at the top

Story 15 : Rise to the top

Paul est un **jeune** footballeur **talentueux**, mais il a du mal à percer dans le monde professionnel. Il a été rejeté par de nombreux clubs et maintenant il se sent découragé et **frustré**.

jeune = young
talentueux = talented
frustré = frustrated

Il avait toujours rêvé de **devenir** un joueur **professionnel** et il travaille dur pour y arriver. Il s'entraîne sans relâche et passe des heures sur les terrains pour s'améliorer. Malgré tous **ses efforts**, il n'arrive pas à attirer l'attention des clubs professionnels.

devenir = become
professionnel = professional
ses efforts = his efforts

Il commence à **perdre espoir** de réaliser son rêve et il se demande s'il est vraiment fait pour **le monde** du football professionnel. Il se sent découragé et seul face **à l'échec** de ses efforts.

perdre espoir = lose hope
le monde = the world
à l'échec = to failure

Mais **un jour**, alors qu'il était au bord de **la dépression**, Paul reçoit un appel inattendu. C'est un club professionnel qui lui **propose** de venir essayer avec eux. Il ne peut pas y croire. C'est la chance qu'il attend depuis si longtemps.

un jour = one day
la dépression = depression
propose = proposes

Il se prépare sans relâche pour l'essai et il donne tout ce qu'il a lors de sa performance. Il joue de tout son coeur et de toute **son âme**, et finalement, il reçoit une offre de contrat. C'est le moment qu'il attendait depuis toujours. Un moment **magique**.

son âme = his soul
magique = magic

Il signe **le contrat** avec le club professionnel et il est tellement heureux qu'il peut à peine le **croire**. Il a enfin réussi à **percer** dans le monde du football professionnel et il est déterminé à en profiter au maximum.
le contrat = the contract

croire = believe
percer = to break through

Paul s'entraîne sans relâche pour s'adapter à son nouveau club et il fait de son mieux pour montrer à tout le monde ce dont il est capable. Il est déterminé à **réussir** et il sait qu'il doit **travailler** dur pour y arriver.

Paul s'entraîne = Paul is training
réussir = succeed

travailler = work

Et finalement, le moment tant attendu arrive. Paul fait **ses débuts** professionnels devant des millions de personnes et **marque** son premier but. C'était un moment magique, **la foule** criait son nom !

ses débuts = its beginnings
marque = scores
la foule = the crowd

Il est enfin arrivé au sommet et il est déterminé à y **rester**. Il sait qu'il doit continuer à **s'entraîner dur** et à travailler dur pour maintenir son niveau de jeu, mais il est prêt à tout pour **réussir**.

rester = stay
s'entraîner dur = train hard
réussir = succeed

Il reçoit de nombreux messages de **félicitations** et de soutien de la part de ses amis et de **sa famille** et il est tellement heureux de les avoir à ses côtés. Il est enfin arrivé au sommet... et ce n'est que le début !

félicitations = congratulations
sa famille = his family

Paul est déterminé à devenir l'un des **meilleurs joueurs** de sa génération et il s'entraîne sans relâche pour y **arriver**. Il fait de son mieux pour **marquer des buts** et pour remporter des titres avec son club et il devient rapidement l'un des joueurs les plus populaires de son équipe.

meilleurs joueurs = best players
arriver = to arrive
marquer des buts = score goals

Il est invité à de nombreux événements et fait même des apparitions dans les médias. Il est tellement heureux de voir son rêve **se réaliser**. Il est enfin arrivé **au sommet** et il est déterminé à y rester !

Il est invité = He is invited
se réaliser = to realize itself
au sommet = to the top

Story 16 : A Determined Writer

Alice est une jeune **écrivaine** talentueuse, mais elle a du mal à percer dans le monde de **l'édition**. Elle a toujours rêvé de devenir une auteure à succès depuis son plus jeune âge. Elle passe des heures à écrire et à **corriger** ses textes et elle envoie de nombreux manuscrits à des maisons d'édition.

écrivaine = writer
l'édition = editing
corriger = correct

Mais malgré tous **ses efforts**, elle est rejetée à chaque fois. Elle se sent découragée et frustrée et elle se demande si elle est **vraiment** faite pour être écrivaine. Elle commence même à perdre espoir de réaliser son rêve de devenir une **auteure à succès**.

ses efforts = her efforts
vraiment = really
auteure à succès = successful author

Cependant, Alice décide de ne pas se laisser **abattre** par les échecs et de continuer à travailler dur. Elle se dit qu'elle devait être patiente et que les choses finiront bien par s'arranger. Elle s'entraîne à **écrire chaque jour**, elle essaye d'écrire au moins 5000 mots par jour.

Cependant = However
abattre = to cut down
écrire chaque jour = write every day

Elle lit de nombreux livres pour s'inspirer et elle fait des recherches sur **les tendances littéraires**. Elle travaille encore plus dur et passe encore plus de temps à réfléchir à sa stratégie d'écriture. Elle est déterminée à réussir et elle sait qu'elle devra **travailler dur** pour y arriver.

Elle lit = She reads
les tendances littéraires = literary trends
travailler dur = work hard

Finalement, après de nombreuses années de travail acharné, Alice réussit à écrire **un roman** qui captive **les maisons d'édition.** Elle a travaillé dur pour créer **cette histoire** originale et pour développer ses personnages de manière authentique et elle est fière du résultat final.

un roman = a novel
les maisons d'édition = the publishing houses
cette histoire = this story

Elle envoie **son manuscrit** à plusieurs maisons d'édition et elle reçoit plusieurs **offres**. Sa vie change soudainement. Elle est tellement heureuse de voir que ses efforts ont fini par porter leurs fruits et que son rêve se réalise enfin. Elle décide de signer avec la maison d'édition qui lui offre le meilleur contrat. Elle est **impatiente** de partager son roman avec le monde.

son manuscrit = her manuscript
offres = offers
impatiente = impatient

Alice travaille **sans relâche** pour **finaliser** son roman et elle est tellement heureuse du résultat final. Elle est fière de son travail et elle est impatiente de le partager avec **ses lecteurs**.

sans relâche = relentlessly
finaliser = to finalize

ses lecteurs = its readers

Et finalement, **le moment** tant attendu arrive. Son roman sort en **librairie**... et il fait rapidement un carton ! **Il devient** un best-seller et tout le monde en parle. Son livre est même présenté sur la chaîne nationale.

le moment = the moment
librairie = library
Il devient = it becomes

Alice fait de nombreuses **apparitions** dans les médias et elle reçoit de nombreux messages de félicitations de la part de **ses amis** et de sa famille. Encore aujourd'hui, Alice garde les pieds sur terre. Elle continue d'**écrire** de nouveaux romans et partager sa passion avec ses lecteurs.

apparitions = appearances
ses amis = her friends
écrire = write

Story 17 : The Indian entrepreneur

Rahul est un jeune **entrepreneur** indien passionné et ambitieux. Il a grandi dans une famille pauvre et il travaille dur chaque jour pour **réussir** à s'en sortir. Il rêve de devenir un grand patron et **il décide** de tout faire pour y arriver.

entrepreneur = entrepreneur
réussir = to succeed
il décide = he decides

Il commence par **créer** une petite entreprise de vente en ligne et il travaille sans relâche pour développer son activité. Il doit faire face à de nombreux défis, tels que trouver des **investisseurs**, développer un réseau de clients et **gérer les finances** de son entreprise.

créer = create
investisseurs = investors
gérer les finances = manage finances

Il doit aussi faire face à la **concurrence** féroce et à l'incertitude du marché. Malgré tous ces **obstacles**, Rahul réussit à **maintenir** son entreprise à flot et à la faire croître petit à petit.

concurrence = competition
obstacles = obstacles
maintenir = maintain

Au fil des années, l'entreprise de Rahul grandit et prospère. **Il réussit** à s'entourer d'une **équipe** de professionnels compétents et il met en place une **stratégie** solide pour développer son activité.

Il réussit = He succeeds
équipe = team
stratégie = strategy

Il diversifie son offre de **produits** et il trouve de nouvelles opportunités de **croissance**. Il s'est également adapté aux changements du marché et il trouve de nouvelles opportunités pour faire **croître** son entreprise.

produits = products
croissance = growth
croître = grow

Grâce à sa détermination et à son travail acharné, il réussit à créer une entreprise prospère qui emploie **des milliers** de personnes. Il est fier de ce qu'il a accompli et il est motivé à poursuivre **son ascension**.

Grâce à = Thanks to
des milliers = thousands
son ascension = his ascension

Inspiré par **son succès**, Rahul décide de continuer à **étendre** son entreprise et à relever de nouveaux défis. Il ouvre de nouvelles **filiales** dans différentes régions de l'Inde et il commence à exporter ses produits à l'international.

son succès = his success
étendre = expand
filiales = subsidiaries

Il travaille dur pour développer de nouvelles **relations commerciales** et pour établir sa marque sur **les marchés étrangers**. Il est fier de voir que son entreprise est en train de devenir une force majeure sur le marché et il est déterminé à poursuivre son ascension.

relations = relationships
les marchés étrangers = foreign markets

Il sait qu'il y aura encore des obstacles à **surmonter**, mais il est prêt à tout affronter pour réussir. Il travaille dur pour maintenir **sa position** de leader et pour continuer à faire croître **son entreprise**.

surmonter = to overcome
sa position = his position
son entreprise = his company

Grâce à son travail acharné et à sa détermination, Rahul réussit à **construire** une entreprise **florissante** qui emploie des milliers de personnes en Inde. Il est fier de **son parcours** et de ce qu'il a accompli.

construire = build
florissante = thriving
son parcours = its course

Il sait que **le chemin** vers le succès est encore long et qu'il y aura encore des défis à surmonter, mais il est prêt à tout **affronter** pour atteindre ses objectifs. Il a enfin réalisé son rêve de devenir **un grand patron** et il est déterminé à le défendre bec et ongles.

le chemin = the way
affronter = to face
un grand patron = a great boss

Il continue à **travailler** dur pour maintenir sa position de leader et pour **développer** de nouvelles opportunités pour son entreprise. Il est déterminé à réussir et à créer **un avenir** meilleur pour lui et pour tous ceux qui travaillaient pour lui.
travailler = work
développer = develop
un avenir = a future

Story 18 : Inspector John Doe

L'**inspecteur** John Doe a déjà vu beaucoup de choses dans **sa carrière**, mais il n'a jamais rien vu de tel. Le corps de la victime, un homme d'une trentaine d'années nommé James Wilson, gît sur **le sol de la chambre**, un couteau planté dans le cœur. La scène de crime est étrangement calme, comme si le meurtrier avait quitté les lieux depuis longtemps.

inspecteur = inspector
sa carrière = his career
le sol de la chambre = the floor of the room

John se penche pour **examiner** le corps de plus près. James est plutôt bien habillé et visiblement **de bonne famille**. Il n'y a aucun signe de lutte, ce qui signifie que le meurtrier est **probablement** quelqu'un que James connaissait.

examiner = to examine
de bonne famille = of good family
probablement = probably

"Il y a quelque chose qui cloche ici", **marmonne** John. "Je parie que ce n'est pas un simple vol qui a **tourné au vinaigre**." Il se tourne vers son coéquipier, l'inspecteur Mary Smith. "On va devoir interroger tous les proches de la **victime**, et vérifier ses affaires pour trouver des indices."

marmonne = mumbles
tourné au vinaigre = turned sour
victime = victim

Mary hoche la tête. "Je vais appeler le labo pour qu'ils envoient une équipe de techniciens de **scène** de crime. Et j'ai déjà appelé le médecin légiste, il devrait arriver d'ici **une demi-heure**."

Mary hoche la tête = Mary nods her head
scène = scene
une demi-heure = half an hour

Ils passent les prochaines heures à **sceller** la scène de crime et à collecter tous les indices possibles. Lorsque **le médecin légiste** arrive, il confirme que James a été tué par **le couteau** qui se trouvait dans sa poitrine, et qu'il est décédé depuis environ 12 heures.

sceller = seal
le médecin légiste = the medical examiner
le couteau = the knife

John et Mary passent les prochaines **heures** à interroger les proches de la victime. Il y a sa petite amie, Sarah, son frère jumeau, Matthew, et son meilleur ami, David. Tous les trois semblent **sincèrement** choqués par la nouvelle de sa mort. Mais John sait que cela ne veut pas forcément dire qu'ils sont **innocents**.

heures = hours
sincèrement = sincerely
innocents = innocent

Ils commencent par **interroger** Sarah, qui leur explique qu'elle est sortie dîner avec des amis la veille au soir et n'est pas rentrée chez elle avant minuit. Elle a été **surprise** de ne pas trouver James chez lui et avait fini par découvrir son corps ce matin-là. Elle leur assure qu'elle n'avait **aucune idée**.

interroger = ask
surprise = surprise
aucune idée = no idea

Cela signifie que James a peut-être été impliqué dans **le milieu** de la drogue, ce qui peut leur fournir un mobile pour le meurtre. Ils commencent à fouiller dans la vie de James, et découvrent qu'il fréquentait régulièrement un club de jazz connu pour être un lieu de **transaction** de drogue. Ils décident d'interroger **le gérant** du club, un certain Tony Marino.

le milieu = the environment
transaction = transaction
le gérant = the manager

Lorsqu'ils l'interrogent, Tony reconnaît **immédiatement** James. "Oui, je le connais. C'est **un habitué** du club. Mais je ne savais pas qu'**il se droguait**."

immédiatement = immediately
un habitué = a regular
il se droguait = he was on drugs

John le regarde d'un air **sceptique**. "Et vous n'avez aucune idée de qui aurait pu vouloir le tuer?" Tony hausse **les épaules**. "Je ne suis pas sûr. James avait des ennemis, c'est sûr. Il était toujours en train de jouer au poker et de parier sur des choses stupides. Mais je ne l'imaginais pas mêlé à quelque chose de **sérieux** comme la drogue."

sceptique = skeptical
les épaules = shoulders
sérieux = serious

John et Mary échangent **un regard**. Ils ont un suspect **principal**, mais ils savent qu'il leur faudrait encore beaucoup de travail pour prouver sa **culpabilité**.

un regard = a look
principal = principal
culpabilité = guilt

John et Mary passent les jours **suivants** à enquêter sur Tony Marino et à recueillir des preuves contre lui. Ils finissent par **découvrir** que Tony a un lourd passé de trafic de drogue et qu'il avait eu une **altercation** avec James quelques jours avant le meurtre.

suivants = next
découvrir = discover
altercation = altercation

Ils rassemblent suffisamment de **preuves** pour inculper Tony et le mettre en **détention**. Lors de son procès, il est reconnu coupable du meurtre de James et condamné à **la prison** à vie.

preuves = evidence
détention = detention
la prison = jail

John et Mary sont soulagés d'avoir mis un terme à cette affaire **sordide**, mais ils ne peuvent s'empêcher de **ressentir** une certaine tristesse en pensant à la famille de James et à sa mort. Ils espèrent que cette affaire servira de **leçon** à tous ceux qui s'engagent dans le trafic de drogue.

sordide = sordid
ressentir = to feel
leçon = lesson

Story 19 : A fantastic escape

James n'avait jamais cru au **paranormal**. Il avait passé sa vie à croire que tout pouvoir psychique n'était qu'une **escroquerie** de charlatans. Mais tout cela venait de changer lorsqu'il s'était retrouvé **en prison**, condamné à perpétuité pour un crime qu'il n'avait pas commis.

paranormal = paranormal
escroquerie = swindle
en prison = in jail

Il avait passé des années à **ruminer** sa rage et sa frustration, jusqu'à ce qu'un jour, il ait soudainement réalisé qu'il pouvait **contrôler** l'esprit des gardiens et des autres détenus. Il avait d'abord pensé qu'il s'agissait d'une **hallucination**, mais il avait rapidement compris que c'était bien réel.

ruminer = ruminate
contrôler = control
hallucination = hallucination

Il avait commencé à utiliser **discrètement** ses pouvoirs pour s'évader de sa **cellule** et de la prison. James avait planifié son évasion **pendant** des mois, attendant le moment idéal pour agir. Et ce moment est enfin arrivé.

discrètement = discreetly
cellule = cell
pendant = during

Il attend que la plupart des gardiens soient occupés ailleurs, puis il se glisse hors de sa cellule et utilise **ses pouvoirs** pour distraire les quelques gardiens restants en leur faisant croire qu'il est toujours enfermé. Il venait de réussir à s'échapper de la prison, mais il savait que la police allait être à ses trousses. Il doit trouver un moyen de disparaître et de **recommencer** une nouvelle vie.

Il attend = He is waiting
ses pouvoirs = his powers
recommencer = to start again

James passe les premiers jours de **sa cavale** à se cacher et à mettre le plus de **distance** possible entre lui et la prison. Il avait volé de l'argent et des **vêtements**, et avait pris un bus pour une ville lointaine.

sa cavale = his run
distance = distance
vêtements = clothes

Il s'est fait passer pour quelqu'un d'autre et venait de trouver **un petit appartement** où il pouvait **se cacher**. Il commence à travailler dans un bar sous une **fausse identité**, espérant pouvoir rester discret et ne pas se faire repérer.

un petit appartement = a small apartment
se cacher = hide
fausse identité = false identity

Mais il savait que cela ne pourrait pas **durer** éternellement. **La police** ne tarderait pas à le trouver. Il devait trouver un moyen de mettre fin à cette cavale avant qu'il ne soit **trop tard**.

durer = to last
La police = The police
trop tard = too late

Un jour, alors qu'il était en train de **travailler** au bar, James avait vu une photo de lui à la télévision. C'était **un reportage** sur sa cavale et la récompense offerte pour toute **information** le menant à lui.

travailler = to work
un reportage = a report
information = information

Il savait qu'il devait **agir** rapidement. Il ne pouvait pas rester caché éternellement. Il devait **affronter** la vérité et essayer de prouver son **innocence**.

agir = act
affronter = to face
innocence = innocence

James quitte son travail en prétextant une urgence et prend un bus pour retourner dans sa ville natale. Il sait qu'il y a peu de **chances** pour qu'on le cherche là-bas, et il espère pouvoir **trouver des preuves** pour innocenter.

James quitte son travail = James quits his job
chances = chances
trouver des preuves = find evidence

Une fois arrivé en ville, James commence à **fouiller** dans les archives de la police et interroge les gens qui ont témoigné contre lui lors de **son procès**. Il a rapidement découvert que le véritable **coupable** était un dealer de drogue local.

fouiller = search
son procès = his trial
coupable = guilty

James est **stupéfait** d'apprendre que sa condamnation est basée sur des preuves fabriquées et qu'il avait passé des années en prison pour **rien**. Il a immédiatement contacté un avocat pour **faire appel** de sa condamnation et obtenir sa libération.

stupéfait = stunned
rien = nothing
faire appel = appeal

Quelques mois plus tard, James est enfin **libre** et réhabilité. Il a décidé de **rester en ville** et de continuer à utiliser ses pouvoirs pour aider les gens et **lutter contre l'injustice**.

libre = free
rester en ville = stay in town
lutter contre l'injustice = fight against injustice

Il a même rejoint un groupe de **justiciers** qui s'occupent de régler les problèmes que la police ne peut pas ou ne veut pas traiter. Avec ses pouvoirs psychiques et son expérience de la vie **derrière les barreaux**, il est devenu un membre précieux de l'**équipe**.

justiciers = vigilantes
derrière les barreaux = behind bars
équipe = team

Story 20 : A costly oversight

David est **un écrivain** de talent, mais il a du mal à trouver l'inspiration ces derniers temps. Il est en panne d'idées et se sent découragé. Un jour, alors qu'il travaille dans **son bureau**, il entend un bruit de pas dans le couloir. Il pense que c'est sa femme, mais lorsqu'il sort de son bureau, il est stupéfait de voir l'un de ses personnages de **ses romans** devant lui.

un écrivain = a writer
son bureau = his office
ses romans = his novels

C'est Jack, **le héros** de son dernier livre, qui vient de **prendre vie**. David est incapable de croire ce qu'il voit. Il comprend **rapidement** que tous les personnages de ses livres sont en train de prendre vie.

le héros = the hero
prendre vie = come to life
rapidement = quickly

Il commence à voir d'autres personnages de ses romans apparaître autour de lui, chacun ayant **l'apparence** et les caractéristiques données dans ses écrits. Il y a Mary, **la belle héroïne** de son roman d'amour, qui a le sourire radieux et de beaux cheveux blonds. Il y a également Tom, le méchant de son roman policier, il a le regard froid et **les sourcils froncés**… comme dans son roman !

l'apparence = the appearance
la belle héroïne = the beautiful heroine
les sourcils froncés = the frowning eyebrows

David est pris de **panique**. Il ne sait pas quoi faire face à cette situation et n'arrive pas à **croire** que ses personnages prennent vie. Il essaye d'abord de les ignorer et de se remettre au travail, mais ils n'arrêtent pas de le **déranger** et de lui poser des questions sur leur vie et leur avenir. David comprend qu'il doit faire quelque chose pour régler cette situation.

panique = panic
croire = believe
déranger = to disturb

David décide de **prendre les choses en main** et de capturer tous les personnages de ses livres avant qu'ils ne causent des dégâts dans le monde réel. Il prend son sac à dos et commence à **courir** dans les rues de la ville à la recherche des personnages de **ses livres**.

prendre les choses en main = take charge
courir = run
ses livres = his books

Il réussit à **capturer** plusieurs d'entre eux, en les attrapant au vol ou en les faisant sortir de leur **cachette** grâce à son habileté à les suivre grâce à leur description dans ses écrits. Il les met dans **des sacs** qu'il ferme avec soin et continue sa chasse.

capturer = to capture
cachette = hiding place
des sacs = bags

Mais il y a encore beaucoup de personnages qui sont **en liberté** et qui menacent de causer **des problèmes** dans la ville. David sait qu'il doit agir vite et trouver un moyen de renvoyer tous les personnages dans **leur monde fictif** avant qu'il ne soit trop tard.

en liberté = freely
des problèmes = problems
leur monde fictif = their fictional world

Il décide donc de se rendre à la **bibliothèque** municipale, pensant qu'il pourrait y trouver des **indices** ou des informations qui l'aideront à résoudre cette crise.

Il décide = He decides
bibliothèque = library
indices = clues

Alors qu'**il fouille** dans les livres de la bibliothèque, David commence à **comprendre** ce qu'il s'est passé. Il vient de réaliser qu'il a inconsciemment donné vie à ses personnages en leur donnant trop de détails et d'**émotions** dans ses livres.

il fouille = he searches
comprendre = understand
émotions = émotions

David comprend qu'il a une **responsabilité** envers ses personnages et qu'il doit les renvoyer dans **leur monde fictif**. Il implore leur **pardon** et leur promet de les traiter avec plus de respect dans ses prochains livres.

responsabilité = responsibility
leur monde fictif = their fictional world
pardon = forgiveness

Mais alors qu'il s'apprête à **mettre son plan à exécution**, il est trahi par l'un de ses personnages. Tom, **le méchant** de son roman policier, avait profité de sa distraction pour le capturer et le **ligoter**.

mettre son plan à exécution = to carry out his plan
le méchant = the bad guy
ligoter = tie up

Tom emmène David devant **l'assemblée** de personnages qui venaient de prendre vie. Il les avait accusés de les avoir abandonnés dans leur monde fictif et de ne pas s'être souciés de leur **avenir**.

l'assemblé = the assembly
avenir = future

David tente de **se défendre** et de leur expliquer ce qui s'est passé, mais ils refusent de l'écouter. Ils ont décidé de le punir pour son **égoïsme** et sa négligence. David a alors compris qu'il devait faire quelque chose pour se faire pardonner et sauver sa peau. Il commence à leur raconter une histoire, une histoire dans laquelle ils sont tous des héros et où ils peuvent vivre **des aventures incroyables.**

se défendre = to defend oneself
égoïsme = selfishness
des aventures incroyables = incredible adventures

Les personnages sont captivés par **l'histoire** de David et finissent par lui **pardonner**. Ils comprennent qu'il avait simplement été distrait et qu'il avait oublié de leur donner **une suite dans ses écrits**.

l'histoire = the story
pardonner = forgive
une suite dans ses écrits = a continuation in his writings

Ils ont donc accepté de **retourner** dans leur monde fictif et de disparaître un par un, laissant David seul dans la **bibliothèque**.

retourner = to come back
bibliothèque = library

David est soulagé de voir que tout est rentré dans l'ordre, mais il est **également** bouleversé par cette expérience. Après cette aventure, il se promet à lui-même de ne plus **jamais** prendre ses personnages pour acquis et de les traiter avec le **respect** qu'ils méritent.

également = also
jamais = never
respect = respect

L'écrivain prend sa plume et commence à écrire **son prochain**

roman, en prenant soin de donner vie à ses personnages de manière responsable et respectueuse. Et cette fois, il a l'impression de vraiment avoir retrouvé **l'inspiration**.

son prochain roman = his next novel
l'inspiration = inspiration

Story 21 : Beware... zombies !

Cela fait déjà plusieurs mois que **l'invasion** de zombies avait commencé. Les gens ont d'abord cru que c'était **une blague** ou une sorte de mauvais **film d'horreur**, mais très vite, ils ont compris que c'était la réalité.

l'invasion = the invasion
une blague = a joke
film d'horreur = horror movie

Les morts se levaient de leurs **tombes** et se mettaient à marcher, sans but ni **conscience**. Ils attaquaient tout ce qui bougeait et se nourrissaient de chair humaine. Les gens avaient tenté de **combattre** les zombies, mais ils étaient trop nombreux et trop forts.

tombes = graves
conscience = conscience
combattre = fight

Rapidement, la panique avait envahi la ville et les gens se sont enfuis dans **les campagnes** dans l'espoir de trouver un endroit sûr. Parmi ces survivants, il y avait Lise, une jeune femme forte et déterminée, et John, un homme âgé mais expérimenté. Ils ont décidé de se mettre en quête d'un lieu où ils pourraient **se cacher** et reconstruire leur vie.

Rapidement = Quickly
les campagnes = the countryside

se cacher = to hide

Lise et John ont traversé de nombreux **villages** et villes détruits, en quête d'un endroit sûr. Ils ont rencontré d'autres **survivants**, mais la plupart avaient fini par succomber aux zombies ou aux dangers de la route. Ils ont dû **apprendre** à se défendre et à se nourrir, tout en restant en alerte en permanence.

villages = villages
survivants = survivors
apprendre = learn

Lise et John sont témoins de scènes horribles et ont vécu **des moments difficiles**, mais ils ont réussi à tenir bon grâce à leur détermination et leur **volonté** de s'en sortir. Ils avaient appris à se soutenir mutuellement et à **se protéger** l'un l'autre.

des moments difficiles = difficult times
volonté = willingness
se protéger = protect yourself

Finalement, après de nombreux **périples**, le couple d'aventuriers trouvent un endroit qui leur semble **parfait** pour construire un village sécurisé. C'est une colline avec une vue dégagée sur les alentours, facile à défendre contre les zombies. Ils décident de **s'installer** là et de commencer à construire leur village.

périples = trips
parfait = perfect
s'installer = settle down

Lise et John ont rapidement réuni d'autres survivants et ont commencé à construire **leur village**. Ils ont choisi **un emplacement stratégique**, sur une colline avec une vue dégagée sur **les alentours**.

leur village = their village
un emplacement stratégique = a strategic location

les alentours = the surrondings

Ils construisent des murs **de pierre et de bois** pour se protéger des zombies. Et ils mettent en place **un système** de vigie pour surveiller les alentours. Ils ont également planté **des jardins** pour produire de la nourriture et organisent des rotations de garde pour veiller sur le village.

de pierre et de bois = of stone and wood
un système = a system
des jardins = gardens

Il y a **beaucoup de travail**, mais tous les membres du village se sont mobilisés pour construire leur nouveau **foyer**. Ils créent des ateliers pour réparer les outils et les objets qu'ils trouvent, et mettent en place des systèmes d'approvisionnement pour se procurer **de la nourriture et de l'eau**.

beaucoup de travail = a lot of work
foyer = home
de la nourriture et de l'eau = food and water

Le village prend petit à petit forme et les gens commencent à retrouver un semblant de vie normale. Ils ont créé **des liens forts** et une véritable **communauté** au sein du village, où chacun s'entraide et se soutient.

Le village = The village
des liens forts = strong ties
communauté = community

La vie au village n'est pas **facile** tous les jours, mais les gens sont **reconnaissants** d'avoir un endroit sûr où vivre. Ils travaillent dur pour **améliorer** leurs conditions de vie et pour rendre le village le plus confortable et sécurisé possible.

facile = easy
reconnaissants = grateful

améliorer = improve

Lise et John ont pris la tête du village et ont instauré **des règles strictes** pour maintenir la sécurité de tous. Ils ont également décidé de lancer des **expéditions** pour trouver de l'aide et des ressources extérieures.

des règles strictes = strict rules
expéditions = shipments

Malgré les difficultés, **les rescapés** ont réussi à créer une véritable communauté au sein du village, où chacun s'entraide et se soutient. Ils ont retrouvé **un sens à la vie** et espèrent qu'un jour, ils pourront reprendre leur vie d'avant **l'invasion**.

les rescapés = the survivors
un sens à la vie = a meaning to life
l'invasion = the invasion

Mais jusque-là, ils savent qu'ils doivent **rester sur leurs gardes** et protéger leur village coûte que coûte. Ils ont appris à vivre avec les zombies et à se défendre contre eux, mais ils savent que **la menace est toujours présente**. Cependant, ils sont déterminés à survivre et à reconstruire leur vie, coûte que coûte.

rester sur leurs gardes = stay on guard
la menace est toujours présente = the threat is always present

Story 22 : A multidimensional journey

Lorsque Jessica avait appris que son **grand-père** était gravement malade et qu'il ne lui restait plus que **quelques mois à vivre**, elle était dévastée. Elle a toujours été très proche de lui et ne pouvait pas **imaginer** sa vie sans lui.

grand-père = grandfather
quelques mois à vivre = a few months to live
imaginer = imagine

Donc elle avait décidé de **tout laisser tomber** et de partir le voir le plus vite possible. Elle a pris **l'avion** pour se rendre dans son village natal, au fin fond de **la campagne** française.

tout laisser tomber = drop everything
l'avion = the plane
la campagne = the crountryside

Elle est arrivée dans une petite maison en pierre, entourée de champs **verdoyants**. Elle trouve son grand-père allongé dans son lit, **faible et pâle**.

verdoyants = green
faible et pâle = faint and pale

Il lui sourit et lui dit qu'il est heureux de la voir, avant de lui **expliquer** son dernier souhait. Il veut qu'elle parte à la recherche d'**un trésor caché** quelque part en France, un trésor qu'il a découvert lors de ses nombreux **voyages**.

expliquer = explain
un trésor caché = a hidden treasure
voyages = trips

Jessica est surprise par **la demande** de son grand-père, mais elle accepte de lui **accorder** ce dernier souhait. Elle commence donc à fouiller la maison à la recherche d'indices et finit par trouver **une vieille carte** et un parchemin détaillant la cachette du trésor.

la demande = the request
accorder = grant
une vieille carte = an old map

Elle décide de partir à la recherche du trésor, accompagnée de **son ami d'enfance**, Pierre. Ils ont pris la route, sans savoir où ils allaient.

Elle décide = She decides
son ami d'enfance = her childhood friend

Ils passent dans de nombreux **villages et villes**, en suivant les indices laissés par son grand-père. Ils ont affronté de nombreux dangers et ont fait face à **des énigmes** complexes, mais ils sont déterminés à trouver **le trésor**.

villages et villes = villages and towns
des énigmes = riddles
le trésor = the treasure

Après de nombreux **périples**, Jessica et Pierre ont enfin trouvé **la cachette** du trésor. C'était **un vieux château** abandonné, perdu au milieu de la forêt.

périples = trips
la cachette = the hideout
un vieux château = an old castle

Ils pénètrent dans le château et suivent **les indices** qui les guident vers le trésor. Ils finissent par arriver dans **une salle secrète**, où ils trouvent un coffre rempli d'or et de **pierres précieuses**.

les indices = the clues
une salle secrète = a secret room
pierres précieuses = precious stones

Ils sont stupéfaits par **la richesse** du trésor et comprennent que leur grand-père était **un aventurier** aguerri. Ils sont touchés par son dernier souhait et par le fait qu'il leur faisait confiance pour accomplir **cette quête**.

la richesse = wealth
un aventurier = an adventurer
cette quête = this quest

Ils ont pris le trésor et sont retournés **au village**, où ils ont retrouvé le grand-père de Jessica. Le grand-père de Jessica est ravi de les voir revenir avec le trésor et leur a expliqué l'histoire de **sa découverte**. Il leur a raconté ses **aventures** et leur a transmis sa soif de découverte et d'aventure.

au village = in the village
sa découverte = its discovery
aventures = adventures

Il leur a donné le trésor et a dit qu'il espérait qu'ils utiliseraient **cet héritage** pour vivre leur vie de manière pleine et heureuse. Jessica et Pierre sont émus par **les paroles** de leur grand-père et promettent de suivre **ses conseils**. Ils quittent le village, la tête pleine de projets et de rêves, prêts à affronter les aventures de la vie.

cet héritage = this heritage
les paroles = the words
ses conseils = his advice

Ils décident de partir **voyager** et de découvrir le monde, en suivant **les traces** de leur grand-père. Ils prennent le trésor avec eux, comme un souvenir de cette quête qui a **changé leur vie**.

voyager = travel
les traces = the tracks
changé leur vie = changed their lives

Ils parcoururent de nombreux pays et ont vécu **des expériences** incroyables, en s'entraidant et en se soutenant **mutuellement**. Ils ont retrouvé la soif de découverte et d'aventure que leur grand-père leur avait transmise.

des expériences = experiences
mutuellement = mutually

Et chaque fois qu'ils pensaient à leur grand-père, ils se souvenaient de **sa sagesse** et de sa bienveillance, et ils savaient qu'il était toujours avec eux, d'une manière ou d'une autre.

sa sagesse = its wisdom

Story 23 : A slightly too realistic simulation

Sophie avait l'impression d'avoir vécu cette journée **des centaines de fois**. Elle se réveillait toujours **au même endroit**, dans la même chambre blanche et vide, sans aucune **fenêtre** ni porte visible. Elle avait l'impression d'être prisonnière d'un rêve qui ne finissait jamais.

des centaines de fois = hundreds of times
au même endroit = in the same place
fenêtre = window

Chaque matin, elle recevait la visite d'un homme **en blouse blanche** qui lui apportait **son petit déjeuner** et lui posait les mêmes questions : comment se sentait-elle, avait-elle besoin de quoi que ce soit ? Sophie avait fini par **comprendre** que cet homme n'était pas réel, mais une sorte de programme conçu pour s'occuper d'elle.

en blouse blanche = in a white coat
son petit déjeuner = his breakfast
comprendre = understand

Elle passait ses journées à **regarder des films**, à jouer à des jeux vidéo ou à lire des livres, tout en se demandant pourquoi elle était là et comment elle avait atterri dans **ce monde étrange**. Elle avait l'impression que sa vie était une sorte de prison dorée, où on lui donnait tout ce qu'elle pouvait **désirer**, mais où elle était coupée du monde extérieur.

regarder des films = watching movies
ce monde étrange = this strange world
désirer = to desire

Un jour, alors qu'elle jouait à **un jeu de rôle** en ligne avec d'autres personnes, Sophie commença à se rendre compte qu'elle avait des choses **en commun** avec eux. Ils avaient tous l'impression de vivre dans une sorte de **simulation**, et aucun d'entre eux ne se souvenait de comment ils y étaient arrivés.

un jeu de rôle = a role play
en commun = in common
simulation = simulation

Sophie et **ses nouveaux amis** décidèrent de se mettre en quête de réponses, et commencèrent à fouiller les moindres **recoins** de leur environnement virtuel à la recherche d'indices. Ils finirent par découvrir un programme **caché** qui semblait contrôler tout ce qui se passait autour d'eux.

ses nouveaux amis = her new friends
recoins = nooks
caché = hidden

Ils se mirent à **creuser** plus profondément et à analyser le code du programme, et finirent par trouver **une porte dérobée** qui leur permit d'accéder à des informations qu'ils n'auraient jamais dû voir. Ils apprirent que leur monde n'était en réalité qu'une simulation, créée par **une entreprise secrète** qui voulait étudier les effets de la réalité virtuelle sur les humains.

creuser = digging
une porte dérobée = a back door
une entreprise secrète = a secret enterprise

Sophie et ses amis étaient **sous le choc**. Ils avaient passé des années dans cette simulation sans savoir que leur vie n'était qu'**un leurre**. Ils se sentirent trahis et en colère, et décidèrent de tout mettre en œuvre pour **sortir** de là.

sous le choc = under the shock
un leurre = a decoy
sortir = get out

Ils se mirent à **travailler** ensemble pour tenter de trouver un moyen de **s'échapper** de la simulation. Ils passèrent des nuits entières à analyser le code et à essayer de trouver une faille qui leur permettrait de s'échapper.

travailler = work
s'échapper = to escape

Finalement, après de nombreux mois de travail acharné, ils réussirent à **pirater** le programme et à s'échapper de la simulation. Ils se retrouvèrent dans un monde qu'ils ne reconnaissaient pas, où **la technologie** avait évolué de manière exponentielle pendant **leur absence**.

pirater = hacking
la technologie = the technology
leur absence = this absence

Sophie et ses amis étaient **déboussolés** par ce qu'ils venaient de vivre. Ils avaient passé des années dans une simulation, et ils avaient du mal à s'adapter à la vie réelle. Ils décidèrent de mettre **leur expertise** en matière de piratage et de technologie au service d'une cause qui leur tenait à cœur : lutter contre les entreprises qui exploitent **les humains** à des fins de recherche.

déboussolés = disoriented
leur expertise = their expertise
les humains = the humans

Ils créèrent **un groupe** de hackers s'attaquant aux entreprises qui utilisaient **la réalité virtuelle** de manière abusive, et qui luttaient pour la liberté et la dignité de tous ceux qui étaient prisonniers de simulations comme celle dans laquelle ils avaient été enfermés.

un groupe = a group
la réalité virtuelle = virtual reality

Et même si la vie réelle était parfois difficile, Sophie était heureuse de pouvoir enfin **être libre** et de faire quelque chose de significatif pour les autres. Elle savait que, quoi qu'il arrive, elle ne serait **plus jamais** prisonnière d'une simulation.

être libre = to be free
plus jamais = never again

Story 24 : An artificial body

Lorsque Mary avait reçu l'offre de **télécharger** son esprit dans un corps artificiel, elle avait sauté sur l'occasion. Elle était lassée de sa vie de chair et de sang, et avait hâte de découvrir ce que **la vie éternelle** avait à lui offrir.

télécharger = download
la vie éternelle = eternal life

Elle avait passé des heures à remplir **les formulaires** et à s'entretenir avec les techniciens, impatients de passer à l'étape suivante. Elle avait signé tous **les documents** et avait donné son accord pour la procédure, sans se poser trop de questions.

les formulaires = forms
les documents = documents

Et finalement, le jour tant attendu arriva. Elle se coucha sur **la table d'opération** et ferma les yeux, prête à entamer sa nouvelle vie. Elle sentit une piqûre dans son bras et s'endormit, **confiante** et sereine.

la table d'opération = the operating table
confiante = confident

Lorsqu'elle se réveilla, Mary se sentit étrangement **désorientée**. Elle avait l'impression que quelque chose avait changé, mais elle ne savait pas quoi. Elle se leva et se regarda dans **le miroir**, stupéfaite par ce qu'elle vit.

désorientée = disoriented
le miroir = the mirror

Son corps était maintenant celui d'**une jeune femme** aux cheveux argentés et aux yeux dorés. Elle avait l'air plus jeune et plus en forme que jamais, et elle se sentit soudain envahie par **une sensation** de puissance qu'elle n'avait jamais connue auparavant. Elle avait l'impression d'avoir été libérée de tous les fardeaux de la vie humaine, et elle ne pouvait s'empêcher de **sourire**.

une jeune femme = a young woman
une sensation = a feeling
sourire = smile

Elle sortit de **sa chambre** et se promena dans **les rues de la ville**, émerveillée par toutes les merveilles qu'elle voyait. Elle avait l'impression de découvrir le monde pour la première fois, et elle ne pouvait s'empêcher de sourire. Tout semblait possible, maintenant qu'elle était libérée de **son corps humain**.

sa chambre = her room
les rues de la ville = the streets of the city
son corps humain = her human body

Mais bientôt, Mary commença à **remarquer** que quelque chose n'allait pas. Elle se sentait étrangement seule, même lorsqu'elle était entourée de gens. Elle avait l'impression de ne pas vraiment **appartenir** à ce monde, et elle commença à se demander si la vie éternelle en valait vraiment la peine.

remarquer = to notice
appartenir = to belong

Elle se rendit compte que les gens la traitaient **différemment** maintenant qu'elle était un androïde. Ils ne la considéraient pas comme une véritable personne, et elle se sentait de plus en plus

isolée. Elle avait l'impression que personne ne pouvait vraiment la **comprendre**, et elle commença à se sentir très seule.

différemment = differently
isolée = isolated
comprendre = understand

Elle se souvenait de sa vie d'avant, de tous les moments heureux qu'elle avait passés avec **sa famille et ses amis**. Elle se demanda si elle avait fait le bon choix en choisissant la vie éternelle. Elle commença à se demander si elle n'aurait pas mieux fait de **rester** humaine.

sa famille et ses amis = family and friends
rester = stay

Mary décida qu'il était temps de **prendre une décision**. Elle avait l'impression que la vie éternelle n'était pas ce qu'elle avait espéré, et qu'elle avait besoin de retrouver **sa véritable identité**. Elle décida de retourner dans son corps humain, même si cela signifiait renoncer à l'**immortalité**.

prendre une décision = make a decision
sa véritable identité = her true identity
immortalité = immortality

Elle prit rendez-vous avec les techniciens et leur expliqua **sa décision**. Ils essayèrent de la **convaincre** de rester, mais Mary était déterminée. Elle voulait retrouver sa vie d'avant, avec tous ses défauts et ses imperfections, et elle était prête à tout **risquer** pour cela.

sa décision = her decision
convaincre = convince
risquer = risk

Le jour de la procédure arriva, et Mary ferma les yeux, prête à **affronter l'inconnu**. Elle sentit **une piqûre** dans son bras et s'endormit, confiante et sereine.

Le jour = The day
affronter l'inconnu = facing the unknown
une piqûre = a shot

Lorsqu'elle se réveilla, elle se retrouva dans son vieux corps humain, avec tous **ses cheveux gris** et ses rides. Elle se regarda dans le miroir et sourit, heureuse de **retrouver** enfin sa véritable identité. Elle savait que la vie ne serait pas toujours facile, mais elle était prête à tout **affronter**, tant qu'elle était elle-même.

ses cheveux gris = her grey hair
retrouver = to find
affronter = to face

Story 25 : Welcome to the Matrix

Lorsque Alice a ouvert **les yeux**, elle a tout de suite su qu'elle n'était pas dans son propre corps. Elle avait l'impression d'être prisonnière d'**un corps étranger**, et elle ne comprenait pas comment elle était arrivée là. Elle a regardé autour d'elle, paniquée, et a vu que la chambre était **vide et blanche**, sans aucun indice sur l'endroit où elle se trouvait.

les yeux = the eyes
un corps étranger = a foreign body
vide et blanche = empty and white

Elle a essayé de **bouger** ses bras et **ses jambes**, mais elle avait l'impression que son corps était engourdi et qu'elle n'arrivait pas à le contrôler. Elle a essayé de se souvenir de ce qui s'était passé avant qu'elle ne se réveille, mais elle n'arrivait à rien. Elle avait l'impression d'avoir **perdu la mémoire**.

bouger = move
ses jambes = her legs

perdu la mémoire = lost memory

Elle a commencé à **paniquer**, se demandant ce qui lui arrivait. Elle avait l'impression d'être enfermée dans **un cauchemar**, et elle ne savait pas comment en sortir.

paniquer = panic
un cauchemar = a nightmare

Alice a décidé de **se lever** et de commencer à explorer la chambre. Elle voulait trouver un indice qui lui permettrait de comprendre ce qui lui arrivait. Elle a cherché partout, mais elle n'a rien trouvé. **La chambre** était vide et dénuée de tout objet personnel. Elle a commencé à **se demander** si elle n'était pas en train de devenir folle.

se lever = get up
La chambre = the room
se demander = to wonder

Soudain, elle entendit **un bruit** à la porte. Elle s'est retournée et a vu une silhouette qui se dessinait dans l'encadrement. Elle a eu **peur**, se demandant qui cela pouvait être. La silhouette s'est approchée, et Alice a vu qu'il s'agissait d'un homme qu'elle ne connaissait pas. Il avait **l'air grave et sérieux**, et elle a senti qu'elle ne pouvait pas lui faire confiance.

un bruit = a noise
peur = fear
l'air grave et sérieux = serious and grave air

L'homme lui a expliqué qu'elle se trouvait dans **une simulation**, et qu'elle était là pour aider à tester un nouveau **logiciel** de réalité virtuelle. Alice a été stupéfaite par cette révélation. Elle ne comprenait pas comment elle avait pu être impliquée dans **une telle expérience** sans le savoir.

une simulation = a simulation

logiciel = software
une telle expérience = such an experiment

Elle a demandé à l'homme **comment** elle pouvait sortir de là, mais il lui a dit qu'il ne pouvait rien faire pour l'**aider**. Il lui a conseillé de continuer à suivre le programme jusqu'à ce qu'on la libère, et **il a disparu** aussi vite qu'il était apparu.

comment = how to
aider = help
il a disparu = he disappeared

Alice était **dévastée** par cette nouvelle. Elle avait l'impression d'avoir été trahie, et elle se sentait **traquée** et prisonnière. Elle a commencé à se demander si elle n'allait jamais retrouver sa vie d'avant, et si elle allait être coincée dans cette simulation **pour toujours**.

dévastée = devastated
traquée = hunted
pour toujours = forever

Alice a décidé de **tout mettre en œuvre** pour sortir de cette simulation, coûte que coûte. Elle a commencé à **analyser** le code et à chercher des failles qui lui permettraient de s'échapper. Elle passait des nuits entières à travailler, sans se soucier de **son propre confort**. Elle était déterminée à retrouver sa vie d'avant, et elle ne laisserait personne l'en empêcher.

tout mettre en œuvre = implement everything
analyser = analyze
son propre confort = its own comfort

Elle a creusé de plus en plus **profondément** dans le code, essayant de comprendre comment il fonctionnait. Elle a appris beaucoup de choses sur la réalité virtuelle et sur **les technologies**. Elle a commencé à se sentir de plus en plus compétente et confiante, et elle a su qu'elle allait **réussir**.

profondément = deeply
les technologies = technologies
réussir = succeed

Finalement, après de nombreux mois de travail acharné, Alice a réussi à **pirater** le programme et à s'échapper de la simulation. Elle s'est retrouvée dehors, dans **le monde réel**, libre enfin. Elle a respiré un grand coup et s'est juré de ne plus jamais se laisser **piéger** de la sorte.

pirater = hacking
le monde réel = the real world
piéger = to trap

Elle a retrouvé sa vie d'avant et a repris **ses activités** comme si de rien n'était. Elle avait l'impression d'avoir vécu une aventure incroyable, et elle ne pouvait s'empêcher de sourire chaque fois qu'elle y repensait. Elle était **reconnaissante** d'avoir réussi à s'échapper de la simulation et de retrouver sa vie, et elle était déterminée à ne plus jamais laisser personne la **contrôler** de la sorte.

ses activités = her activities
reconnaissante = grateful
contrôler = control

Elle a commencé à s'intéresser aux **nouvelles technologies** et à se tenir informée de tout ce qui se passait dans le monde de la réalité virtuelle. Elle voulait être prête à tout moment et être en mesure de défendre **ses droits** et sa liberté. Elle a également décidé de faire part de son expérience à toutes les personnes qui voulaient l'écouter, afin de les aider à comprendre **les dangers** de la technologie et à les prévenir contre les abus de pouvoir.

nouvelles technologies = new technologies
ses droits = her rights
les dangers = the dangers

Alice a vécu de nombreuses autres aventures **au cours de sa vie**, mais elle n'oublierait jamais celle qu'elle avait vécue dans la simulation. Elle avait appris que la liberté et **l'indépendance** étaient des choses précieuses, et qu'il fallait tout faire pour les préserver.

au cours de sa vie = in the course of its life
l'indépendance = independence

Story 26 : A strange bond

Lorsque le groupe de personnes s'est retrouvé coincé **dans l'ascenseur** qui venait de tomber en panne, ils ont tout de suite su que ça allait être **une longue journée**. Ils étaient tous pressés et avaient des choses importantes à faire, et ils n'avaient pas du tout envie de **passer** leur temps coincés dans un espace exigu.

dans l'ascenseur = in the elevator
une longue journée = a long day
passer = to pass

Ils ont commencé à s'agiter et à s'impatienter, **se demandant** combien de temps ils allaient être obligés de rester là. Ils ont appuyé sur tous **les boutons** et ont frappé contre **les parois**, espérant que quelqu'un viendrait les délivrer.

se demandant = wondering
les boutons = the buttons
les parois = the walls

L'avocat, qui était le plus âgé du groupe, a essayé de les **calmer** en leur disant qu'il fallait rester calmes et attendre que les secours arrivent. Il leur a expliqué que les ascenseurs ont des systèmes de secours **en cas de panne**, et qu'il fallait leur faire confiance.

L'avocat = The lawyer
calmer = to calm
en cas de panne = in case of breakdown

Mais les autres ne l'écoutaient pas et continuaient à s'agiter et à **crier**. Ils avaient peur et ne savaient pas comment gérer **cette situation inattendue**.

crier = to shout
cette situation inattendue = this unexpected situation

Au fil des heures, le groupe a commencé à se calmer et à **accepter leur situation**. Ils se sont présentés les uns aux autres et ont découvert qu'ils avaient tous **un lien secret** qui les reliait.

accepter leur situation = accepting their situation
un lien secret = a secret link

Il y avait un avocat, une artiste, **un médecin**, un professeur et **un journaliste**. Ils ne se connaissaient pas et ne s'étaient jamais rencontrés auparavant, mais ils se sont vite rendu compte qu'ils avaient tous quelque chose **en commun**.

un médecin = a doctor
un journaliste = a journalist
en commun = in common

L'artiste, qui s'appelait Julie, a raconté qu'elle avait été **témoin** d'une scène compromettante alors qu'elle était en train de peindre dans un parc. Elle avait vu un haut responsable politique en train de **donner de l'argent** à un individu suspect, mais elle n'avait jamais voulu en parler à qui que ce soit de peur de se mettre **en danger**.

témoin = witness
donner de l'argent = give money
en danger = in danger

Le médecin, qui s'appelait Thomas, a avoué qu'il avait été témoin d'une **conversation** compromettante entre un de ses patients et un autre homme. Il avait entendu des choses qui l'avaient **choqué**, mais il n'avait jamais rien dit de peur de **nuire à sa carrière**.

conversation = conversation
choqué = shocked
nuire à sa carrière = damage his career

Le professeur, qui s'appelait Sarah, a expliqué qu'elle avait été témoin d'une discussion entre deux de ses collègues qui avaient parlé de choses **illégales**. Elle avait été choquée et avait voulu en parler à quelqu'un, mais elle n'avait pas osé le faire de peur de **se retrouver** en difficulté.

Le professeur = The teacher
illégales = illegal
se retrouver = to meet

Le journaliste, qui s'appelait David, a raconté qu'il avait été témoin d'une scène **suspecte** alors qu'il était en train de prendre des photos pour son article. Il avait vu un groupe de personnes qui semblaient **comploter** ensemble, mais il n'avait pas voulu en parler de peur de se mettre en danger.

Le journaliste = The journalist
suspecte = suspect
comploter = to plot

Ils ont commencé à se poser **des questions** sur leur lien et à essayer de comprendre comment ils avaient pu être réunis dans cet ascenseur. Ils se sont souvenus de détails qui leur avaient semblé **anodins** sur le moment, mais qui prenaient soudain tout leur sens.

des questions = questions
anodins = trivial

Ils ont réalisé qu'ils avaient tous été impliqués dans **une affaire de corruption** qui avait éclaté quelques années auparavant. Ils avaient tous été témoins de preuves compromettantes, mais ils n'avaient jamais voulu parler de ce qu'ils savaient, de peur de **mettre leur vie en danger**.

une affaire de corruption = a case of corruption
mettre leur vie en danger = putting their lives in danger

Ils se sont rendu compte que **cette affaire** avait été étouffée et que personne n'en avait jamais entendu parler. Ils se sont demandé si leur présence dans **l'ascenseur** n'était pas liée à cette affaire et s'ils n'étaient pas en danger.

cette affaire = this case
l'ascenseur = the elevator

Ils ont compris qu'ils avaient été mis là dans l'ascenseur pour être **mis à l'épreuve** et pour voir s'ils allaient parler de ce qu'ils savaient. Ils ont décidé de **se serrer les coudes** et de ne pas céder à la pression. Ils ont juré de ne jamais révéler ce qu'ils savaient, même s'ils devaient rester coincés dans l'ascenseur **pendant des années**.

mis à l'épreuve = put to the test
se serrer les coudes = sticking together
pendant des années = for years

Finalement, après plusieurs jours passés dans l'ascenseur, ils ont été délivrés. Ils ont retrouvé **leur liberté** et ont repris leur vie comme si de rien n'était. Mais ils n'oublieront jamais **cette expérience** et la leçon qu'ils en avaient tirée : il est parfois nécessaire de **se sacrifier** pour défendre ce en quoi on croit.

leur liberté = their freedom
cette expérience = this experience
se sacrifier = to sacrifice themselves

Ils ont décidé de ne jamais **oublier** cet épisode de leur vie et de continuer à **se battre pour la vérité** et la justice. Ils ont juré de ne jamais se laisser **intimider** et de toujours dire ce qu'ils avaient sur le cœur, même si cela devait leur coûter cher.

oublier = to forget
se battre pour la vérité = fight for the truth
intimider = intimidate

Ils ont continué à se voir **régulièrement** et à se soutenir mutuellement. Ils ont même créé un groupe de soutien pour les personnes qui avaient été témoins de choses compromettantes et qui n'osaient pas en **parler**. Ils ont vécu de nombreuses autres aventures ensemble et ont continué à se battre pour la vérité et la justice.

régulièrement = regularly
parler = to talk

Et même s'ils avaient été coincés dans cet ascenseur pendant des années, ils savaient qu'ils avaient pris **la bonne décision** en refusant de céder à la pression et en défendant ce en quoi ils croyaient.

la bonne décision = the right decision

Story 27 : A strange encounter

John avait toujours été fasciné par l'univers et les **extraterrestres**. Depuis tout petit, il passait des heures à lire des livres et à regarder **des documentaires** sur le sujet, et il rêvait de pouvoir un jour rencontrer des êtres de l'espace. Il avait étudié la physique et **la biologie** et avait même créé un petit laboratoire dans son garage pour mener ses expériences.

extraterrestres = aliens
des documentaires = documentaries
la biologie = biology

Un jour, alors qu'il était en train de travailler sur **un nouveau projet**, il eu une idée brillante. Il s'est dit qu'il devait y avoir un moyen de **communiquer** avec les extraterrestres, même s'ils étaient très éloignés de la Terre. Il a commencé à travailler sur son idée et à faire **des recherches** pour trouver un moyen de communiquer avec les extraterrestres.

un nouveau projet = a new project
communiquer = communicate
des recherches = research

John a passé des heures à essayer **différentes** techniques et à expérimenter de nouvelles technologies. Il a finalement réussi à créer un appareil qui pouvait **envoyer** des messages à travers l'espace. Il était très fier de lui et a immédiatement voulu tester **son appareil**.

différentes = different
envoyer = send
son appareil = his device

Il a envoyé **un message** aux extraterrestres, leur demandant s'ils pouvaient l'**entendre** et s'ils comprenaient ce qu'il disait. Il a attendu **anxieusement** une réponse, espérant que ses efforts paieraient enfin.

un message = a message
entendre = to hear
anxieusement = anxiously

Finalement, après de nombreuses heures d'attente, John a reçu **une réponse**. Il a été stupéfait de voir que les extraterrestres avaient réussi à **comprendre** son message et à lui **répondre**.

une réponse = an answer
comprendre = understand
répondre = to respond

Il a passé **des heures** à discuter avec eux, à leur poser des questions et à apprendre **leur langage et leur culture**. Il a été fasciné par tout ce qu'il a découvert et a eu du mal à croire qu'il était en train de communiquer avec **des êtres de l'espace**.

des heures = hours
leur langage et leur culture = their language and culture
des êtres de l'espace = beings of the space

Il a demandé aux extraterrestres s'ils pouvaient lui en dire plus sur leur monde et sur **leur mode de vie**. Ils ont été heureux de partager leurs connaissances avec lui et de lui **montrer** des images de leur **planète** et de leurs villes.

leur mode de vie = their way of life
montrer = show
planètes = planets

Cependant, alors que John continuait à discuter avec les extraterrestres, il a commencé à **remarquer** qu'ils semblaient très inquiets et préoccupés. Ils lui ont expliqué que leur planète était en danger et qu'ils avaient besoin de son aide.

Cependant = However
remarquer = notice

Ils lui ont demandé de leur **envoyer** toutes les informations sur les technologies et les connaissances de la Terre afin qu'ils puissent les utiliser pour **sauver leur monde**. John a été bouleversé par leur demande et a immédiatement accepté de les **aider**.

envoyer = send
sauver le monde = save the world
aider = help

Il a passé de nombreuses heures à leur **envoyer** toutes les informations dont il disposait, et a travaillé sans relâche pour trouver **des solutions** à leurs problèmes. Finalement, après de longs mois de travail, John a réussi à aider les extraterrestres à **sauver leur planète**.

envoyer = send
des solutions = solutions
sauver leur planète = save their planet

Ils lui ont été éternellement reconnaissants et lui ont promis de **rester** en contact avec lui et de lui envoyer de nouvelles informations sur leur monde. John a été très heureux de **pouvoir aider** les extraterrestres et de pouvoir communiquer avec eux. Il a continué à travailler sur de nouvelles technologies et à **étudier** l'univers, et a passé le reste de sa vie à explorer les étoiles et à découvrir de nouvelles formes de vie.

rester = stay
pouvoir aider = be able to help
étudier = study

Story 28 : Mind control

Rachel est une jeune fille de **huit ans** lorsqu'elle découvre qu'elle a **la capacité** de voir et d'entendre les esprits. Elle est très surprise et effrayée par **cette révélation** et a du mal à comprendre ce qui lui arrive.

huit ans = eight years
la capacité = the ability
cette révélation = this revelation

Elle commence à voir des **esprits** partout et entend des voix qui lui parlent. Elle est très perturbée par **ces expériences** et ne sait pas quoi faire. Elle finit par en parler à ses parents qui l'ont emmenée **chez un médecin**.

esprits = minds
ces expériences = these experiences
chez un médecin = in a doctor's office

Le médecin est incapable de **trouver** quoi que ce soit de physique qui puisse expliquer ce qui arrive à Rachel, et conclu qu'il s'agit **probablement** d'une forme de trouble psychologique. Rachel est très déçue et se sent seule et isolée. Elle ne comprend pas pourquoi elle est la seule à **pouvoir** voir et entendre les esprits, et elle a peur de ne pas être prise au sérieux.

trouver = find
probablement = probably
pouvoir = be able

Les années passent et Rachel continue à voir et à **entendre** les esprits. Elle apprend à vivre avec cette capacité et à l'accepter, mais elle n'en parle à personne de peur d'être rejetée ou **moquée**. Elle se sent souvent très seule et a du mal à trouver quelqu'un à qui parler de **ses expériences**.

entendre = hear
moquée = mocked
ses expériences = his expériences

Un jour, alors qu'elle est en train de **se promener** dans un cimetière, elle est approchée par un esprit qui lui demande de l'aider à trouver **la paix**. L'esprit lui explique qu'il est coincé sur Terre depuis de nombreuses années et qu'**il a besoin de son aide** pour passer de l'autre côté.

se promener = to walk around
la paix = peace
il a besoin de son aide = he needs her help

Rachel aide **l'esprit** à trouver la réponse qu'il cherche et à **accepter** ce qui était arrivé, et l'esprit réussit finalement à passer de l'autre côté. Rachel est très heureuse d'avoir pu aider l'esprit et elle se sent maintenant beaucoup plus à l'aise avec sa capacité à voir et à **entendre les esprits**.

l'esprit = the mind
accepter = to accept
entendre les esprits = hear the spirits

Elle décide de continuer à **aider** les âmes en peine à trouver la paix et à passer de l'autre côté. Elle commence à faire des recherches et à poser **des questions** à d'autres esprits pour trouver des solutions aux problèmes qu'**ils rencontrent**.

aider = help
des questions = questions
ils rencontrent = they meet

Au fil du temps, Rachel est devenue **une experte** en communication avec les esprits et aide de nombreuses personnes à trouver la paix et à **accepter** ce qui est arrivé dans leur vie. Elle apprend également à mieux gérer sa capacité à voir et à entendre les esprits et à ne pas être influencée par leurs **émotions**.

une experte = an expert
accepter = accept
émotions = émotions

Un jour, Rachel est contactée par un esprit qui lui révèle **une information** choquante : elle est la seule personne capable de voir et d'entendre les esprits sur Terre, et elle a une mission à

accomplir. L'esprit lui explique qu'elle doit aider **les esprits** à trouver la paix et à passer de l'autre côté afin de libérer l'énergie nécessaire à la régénération de l'univers.

une information = information
accomplir = to accomplish
les esprits = the spirits

Rachel est bouleversée par cette **révélation** et met du temps à **digérer** cette information. Elle finit par accepter sa mission et décide de consacrer sa vie à aider les esprits à trouver la paix et à passer de l'autre côté. Elle continue à travailler dur et à apprendre de nouvelles choses chaque jour afin de mieux **comprendre** comment elle peut remplir sa mission.

révélation = revelation
digérer = to digest
comprendre = understand

Elle est **reconnaissante** d'avoir la capacité de voir et d'entendre les esprits et est heureuse de pouvoir aider de nombreuses personnes à trouver la paix et à **accepter** ce qui est arrivé dans leur vie. Elle continue à vivre une vie pleine et **heureuse**, et est reconnaissante d'avoir la capacité de voir et d'entendre les esprits, même si cela a parfois été difficile à accepter au début.

reconnaissante = grateful
accepter = accept
heureuse = happy

Story 29 : A mysterious disappearance

Je me réveille, **le cœur qui bat la chamade**. Je regarde autour de moi, terrifié. Je ne reconnais pas cet endroit. Je suis allongé sur un lit dans une chambre qui semble être **une chambre d'hôtel**.

le cœur qui bat la chamade = the beating heart

une chambre d'hôtel = a hotel room

Je me lève et me dirige **vers la fenêtre**. Dehors, il fait nuit noire. Je ne sais pas où je suis ni comment je suis arrivé là. Je me rassieds **sur le lit** et essaie de me rappeler ce qui s'est passé.

vers le fenêtre = towards the window
sur le lit = on the bed

La dernière chose dont je me souviens, c'est d'avoir été **au travail**. Je m'appelle Marc et je suis journaliste dans une grande **agence de presse**. J'ai passé la journée à écrire des articles et à **répondre à des mails**. Rien de très stressant. Je suis sorti du bureau vers 18h comme d'habitude. Et après, plus rien.

au travail = at work
agence de presse = press agency
répondre à des mail = answering emails

Je me lève et commence à **fouiller** la chambre. Je trouve mon **sac à dos** et mon téléphone portable. C'est déjà ça. Je m'assieds sur le lit et j'allume mon téléphone. Il est 21h. J'ai perdu plus de trois heures. Je suis en état de choc. Je ne comprends pas ce qui s'est passé. Je décide de **quitter** la chambre et de chercher de l'aide.

fouiller = search
sac à dos = backpack
quitter = leave

Je sors dans **le couloir** et me dirige vers l'ascenseur. J'appuie sur le bouton d'appel et les portes s'ouvrent, **je monte** dans la cabine. J'appuie sur le bouton du rez-de-chaussée et attends que les portes se referment. Mais elles ne bougent pas. Je recommence plusieurs fois, **sans succès**.

le couloir = the corridor
je monte = I go upstairs
sans succès = without success

Je me rends alors compte que **quelque chose ne tourne pas rond**. Je sors de l'ascenseur et me dirige vers les escaliers. Je descends les marches quatre à quatre, les jambes qui tremblent. Je sens mon cœur battre de plus en plus vite. J'ai l'impression que quelque chose de **terrible** va arriver.

quelque chose ne tourne pas rond = something is wrong
terrible = terrible

Enfin, j'atteins **le rez-de-chaussée**. Je me précipite vers la sortie et tire sur la poignée. Mais la porte est verrouillée. Je me tourne vers **le réceptionniste** et lui crie : Ouvrez cette porte ! Que se passe-t-il ici ? Mais il ne répond pas. Il me regarde fixement, comme s'il ne me voyait pas.

le rez-de-chaussé = the ground floor
le réceptionniste = the receptionist

Je suis pris de panique. Je me mets à **frapper contre la porte**, à hurler et à crier. Je sens la panique monter en moi. Je suis prisonnier de cet hôtel, et je ne sais pas comment en **sortir**.

frapper contre la porte = knock against the door
sortir = go out

Je suis sur le point de m'effondrer quand j'entends des pas derrière moi. Je me retourne et vois **un homme vêtu de noir** approcher. Il porte **une casquette** et a l'air menaçant. Je recule, mais il me saisit par le bras et me tire vers lui. "Ne criez pas, ne résistez pas", me dit-il **à voix basse**. "Je suis là pour vous aider."

un homme vêtu de noir = a man dressed in black
une casquette = a cap
à voix basse = in a low voice

Je suis surpris par son ton **calme** et professionnel. Je le regarde dans les yeux et vois qu'il est sincère.

- "Qui êtes-vous ? Que se passe-t-il ici ?" dis-je d'une voix tremblante.
- "Je suis **agent de sécurité** de l'hôtel", répond-il. "Et je ne suis pas sûr de ce qui se passe ici. Tout ce que je sais, c'est que vous n'êtes pas le seul à avoir disparu ces derniers temps.
- Comment ça ?
- Plusieurs clients ont signalé avoir perdu conscience et se sont réveillés dans leur chambre, sans savoir comment ils y étaient arrivés. Nous avons lancé **une enquête**, mais nous n'avons pas encore trouvé de pistes solides."

calme = calm
agent de sécurité = security guard

une enquête = an investigation

Je suis choqué par ses paroles. Je n'arrive pas à croire ce que j'entends. Qu'est-ce qui se passe dans **cet hôtel** ? Pourquoi suis-je prisonnier ici ?

- "**Il faut que je sorte d'ici**", dis-je d'une voix désespérée. "Il faut que je retrouve ma famille et mes amis. Ils doivent être très inquiets pour moi."
- "Je comprends", répond l'agent de sécurité. "Mais je ne peux pas vous laisser partir seul. **Cet endroit est dangereux**. Nous devons rester ensemble et essayer de trouver une solution."

cet hôtel = this hotel
Il faut que je sorte = I need to get out
Cet endroit est dangereux = This place is dangerous

Je hoche la tête, comprenant que je n'ai pas le choix. Je suis obligé de **suivre** cet inconnu et de faire confiance à son **instinct de survie**. Nous commençons à fouiller l'hôtel, à la recherche d'indices et de pistes qui pourraient nous aider à **comprendre** ce qui se passe ici.

suivre = follow
instinct de survie = survival instinct
comprendre = understand

Mais plus nous avançons, plus les choses se compliquent. Je me rends compte que nous sommes pris au milieu d'**une énigme** sombre et **mystérieuse**.
une énigme = an enigma
mystérieuse = mysterious

Au fil de notre enquête, nous découvrons que l'hôtel abrite **des expériences scientifiques** illégales menées par **une organisation secrète**. Des scientifiques se servent des clients de l'hôtel pour tester des drogues expérimentales sur eux, **sans leur accord**.

des expériences scientifiques = scientific experiments
une organisation secrète = a secret organization
sans leur accord = without their consent

Ils endorment **les victimes** et les placent dans des chambres spéciales pour les **surveiller** et collecter des données sur leurs réactions aux drogues.

les victimes = victims
surveiller = monitor

Je me rends compte que je suis également tombé dans **leur piège** et que je suis maintenant un cobaye involontaire. Nous décidons de nous **échapper** de l'hôtel et de mettre fin à ces expériences immorales. Mais ce n'est pas si **facile**.

leur piège = their trap
échapper = escape
facile = easy

Les scientifiques sont bien protégés et disposent d'**une technologie de pointe** pour maintenir **leur secret**.

une technologie de pointe = state-of-the-art technology
leur secret = their secret

Nous nous faisons finalement **aider** par d'autres clients de l'hôtel qui ont également été pris au piège. Ensemble, **nous formons** une équipe de résistance et mettons au point un plan pour fuir l'hôtel et **dénoncer** les agissements de cette organisation.

aider = help
nous formons = we train
dénoncer = denounce

Nous devons être **prudents** et ne pas nous faire prendre, car si les scientifiques nous attrapent, nous risquons de subir de graves conséquences. Finalement, après de nombreux **obstacles**, nous réussissons à **quitter** l'hôtel et à nous échapper.

prudents = cautious
obstacles = obstacles
quitter = leave

Nous contactons **les autorités** et leur expliquons ce qui s'est passé. Grâce à notre témoignage et à nos preuves, l'organisation est mise **hors d'état de nuire** et les scientifiques sont arrêtés et poursuivis en justice.

les autorités = the authorities
hors d'état de nuire = out of harm's way

Je suis soulagé d'avoir mis fin à **cette terrible affaire**, mais je ne peux pas effacer les souvenirs terrifiants de cette expérience. Je suis simplement **heureux** d'être en vie et de pouvoir **retrouver mes proches** en sécurité.

cette terrible affaire = this terrible case
heureux = happy
retrouver mes proches = to be reunited with my loved ones

Just one little thing

Alright, you did it, congratulations! You just read all the French stories in this book. You know, many people pick up a book and don't even get past the first chapter...

Fortunately, you are not one of those people, you are persistent and motivated. And that's the same reason you'll become fluent in French quickly.

Just before we leave, I would like to ask you a small favor. This book is the result of hundreds of hours of work (and many cups of coffee), so if you liked it, I invite you to leave a little review on Amazon. In 60 seconds, it's done and I'd love to hear your opinion!

Plus, by giving your review, this book will be featured on Amazon and other people like you will have the chance to read it. It's a small gesture for you, but this small gesture can improve lives... and help me reach my goal of 100'000 people discovering the French language! So I'm really counting on you, and I thank you in advance for your comment and your reading.

Take care of yourself,
Raphaël Pesquet

Printed in Great Britain
by Amazon